ティマイオス

プラトン

土屋睦廣 訳

JN179970

講談社学術文庫

目次

凡例

・翻訳の底本としては、John Burnet, *Platonis Opera IV*, Oxford: Clarendon Press, 1902 を用い、これと異なる原文の読みを採用した個所は訳註に記した。

・訳文の上欄に付した数字とアルファベットは、ステパヌス版プラトン全集（一五七八年）の頁と段落を示す。

・章分けは、一八世紀のフィッシャーの校本に由来する慣用に従った。

・訳文中の（　）は直前の語句の説明、言い換え、原語のカタカナ表記を、〔　〕は原文にない語句を訳者が補って訳した個所を示す。

・ギリシア語のカタカナ表記については、母音の長短は原則として普通名詞においてのみ区別し、固有名詞においては区別しない。なお、ギリシア語の原綴を記す必要がある場合は、原則としてローマ字で表記した。

・プラトンの著作の参照個所を指示する際には、著者名を省略して書名のみを記し、慣用に従ってステパヌス版プラトン全集の頁と段落を記した。

・訳註では次の略号を用いた。

DK = Hermann Diels und Walther Kranz, *Die Fragmente der Vorsokratiker*, 3 Bde., 6. Aufl., Berlin: Weidmann, 1951-52.

ティマイオス

一

17A ソクラテス　一人、二人、三人、おや、親愛なるティマイオス、四人目の人はどこですか[*1]。あなたがたは、昨日は私のお客さんでしたが、今日は私をもてなしてくれることになっていたはずですが。

ティマイオス　何かの病気になったのですよ、ソクラテス。さもなければ、みずから進んでこの集まりに欠席するようなことはないでしょうから。

ソクラテス　それでは、欠席している人のぶんも、あなたとここにいる人たちで補ってもらわなければなりませんね。

B ティマイオス　もちろんですとも。それに、できるかぎり何一つ取りこぼしのないようにしたいと思います。昨日はあなたから客としてふさわしいもてなしを受けたのに、残った私たちがお返しに心を込めてあなたをもてなさないなんて、正しいこととは言えないでしょうから。

ソクラテス　それなら、私があなたがたにどんなことについて話してほしいと要求したかも、全部覚えていますか。

ティマイオス　覚えているぶんもありますが、覚えていないぶんは、あなたがここにいるのですから、思い出させてもらいましょう。いや、それより、もしご面倒でなければ、あの話をはじめから手短にもう一度繰り返してください。私たちの記憶をより確かなものにするために。

C ソクラテス　そうしましょう。たしか、昨日、私がお話しした国家に関する議論の要点は、国家はどのようなもので、どんな人たちから構成されるなら最善のものになると思われるか、ということでした。

ティマイオス　そのとおりです、ソクラテス。しかも、あなたの語った国家は私たち全員の意にかなうものでした。

ソクラテス　そこで、私たちは第一に、国家の中で、農夫やその他の技術に携わる人々の種族を、国家のために戦う人々の種族から離して区別したのではなかったですか[*2]。

ティマイオス　そうでした。

ソクラテス　そして、素質に応じて各人にふさわしいただ一つの仕事と技術を与えた
D のですが、全員のために戦わなければならない人たちに対して、私たちは次のように言いました。害をなそうとする何者かが、国外からやって来た者であろうが、国内の者で

18A あろうが、彼らはひとえに国家の守護者でなければならず、自分たちによって統治されている本性上友である人たちに対しては温情をもって裁き、戦場で出会う敵に対しては容赦なく臨まねばならない、と[3]。

ティマイオス　まったくそのとおりです。

ソクラテス　すなわち、私が思うに、守護者たちの魂というものは、敵味方どちらに対しても、正しい仕方で温情を施したり、容赦ないものになったりすることができるためには、気概に満ちたものであると同時に、とりわけ知を愛するものでなければならない、と私たちは語ったのですから[4]。

ティマイオス　そうです。

ソクラテス　では、教育についてはどうでしたか。彼らは体育や詩歌[5]や、彼らにふさわしいすべての学科によって教育されたのではありませんか[6]。

ティマイオス　まったくそのとおりです。

B ソクラテス　このようにして育てられた人たちについては、たしかこう言われました。金も銀も、他のいかなる財産も自分個人の所有物とみなしてはならない。彼らはただ助力者として、自分たちが守っている人たちから守護の報酬を、節度ある人にとってちょうどよい分量だけ受け取るのであり、それを共同で消費して、お互い一緒に暮らしながら生活しなければならない。その際、他の仕事にかかずらうことなく、常に徳に配慮しなければならない、と。[*7]

ティマイオス　それらのことも、そのように言われました。

C ソクラテス　さらにまた、女性についても私たちはこう述べました。女性の素質を男性とほぼ同じものになるように調合しなければならず、すべての女性に、戦争においても、他の日常の営みにおいても、男性と共通したすべての仕事を与えなければならない、と。[*8]

ティマイオス　そのように、それらのことも言われました。

ソクラテス　では、子供を作ることについてはどうでしたか。あるいは、このことについては尋常でないことが語られたので、よく覚えているのではありませんか。結婚についても、子供についても、私たちはすべてを全員に共有のものと定めたのですから。つまり、彼らのうちの誰一人として生まれてきた子供を決して自分個人のものと考えて
D はならず、すべての人がすべての人を親族とみなすように、すなわち、一定の年齢のうちに生まれた者なら誰もが兄弟姉妹であり、自分より先に生まれた上の世代の者なら誰もが父母や祖父母であり、下の世代の者なら誰もが子供や孫であるとみなすように、彼らに工夫してもらうことにしたのです。[*9]

ティマイオス　そうです。そのことは、あなたのおっしゃるように、よく覚えていま
す。

ソクラテス　それでは、彼らが生まれた最初から素質においてできるだけ優れた者と
なるように、男女の支配者たちは結婚の組み合わせにおいて、籤《くじ》か何かを使ってひそか
に工夫しなければならない、と私たちが主張したのを覚えていますか。すなわち、優れ
E た男と劣った男は、それぞれが別々に同類の女と籤引きで結ばれるように、しかも籤引
きは運だと考えて、そのことに彼らが怨みを抱いたりしないように工夫しなければなら
ない、と[*10]。

ティマイオス　覚えています。

19A ソクラテス　さらに私たちは、こうも主張しましたね。優れた人たちの子供は育てな
ければならないが、劣った人たちの子供はひそかに国家の他の個所に引き渡さなければ
ならない。しかし、その子たちの成長を常に観察し、価値のある者だと分かったら再び
連れ戻さなければならないし、他方、自分たちの手許に置いた子供でも、価値のない者
は、こちらに帰ってきた者がいた場所に移し替えなければならない、と[*11]。

ティマイオス　そうでした。

ソクラテス　それでは、要約してもう一度繰り返すぶんには、これで昨日話したとお

りのことをすっかり語ったことになるでしょうか。それとも、親愛なるティマイオス、まだ何か語り残したことがあると思いますか。

B **ティマイオス**　いいえ、決してそうは思いません。昨日語られたことは今まさにあなたが話したとおりですよ、ソクラテス。

二

ソクラテス　それでは次に、私たちが述べた国家について、私がそれに対してどのような気持ちになっているかを聞いてもらいましょう。私の気持ちというのは、何か次のようなことに似ています。すなわち、絵に描かれているにせよ、本当に生きているけれどじっとしているにせよ、どこかで立派な動物を見た人が、それが動いているところを
C 見たい、その体格にふさわしいことを競技で競うところを見たい、と切望するような気持ちです。私も、私たちが述べた国家に対して、それと同じ気持ちを抱いているのです。つまり、国家が競う競技というものを、その国家が他の国を相手に競うところを詳しく語ってくれるなら、その人の話を喜んで聞きたいのです。その国家が、ふさわしい仕方で戦争に取りかかるところを、そして戦争中には、実際の戦闘行為においても、そ

れぞれの敵国に対する言葉による交渉においても、その教育と養育にふさわしい成果を
示すところを、ぜひ聞きたいのです。
D　この点については、クリティアスにヘルモクラテスよ、その国家とその国民を十分に
賞賛する能力が私には決してないことを私自身がよく承知しています。私に関しては、
このことは少しも驚くにはあたりません。しかし、これと同じことを、昔の詩人につい
ても、今いる詩人についても、私は考えるようになりました。詩人というものを軽蔑し
ているわけではありませんが、模倣を職業とする人[*1]は、自分がその中で育った事柄につ
いてなら、いともたやすく立派に模倣するだろうけれど、自分の育ちの範囲外のことに
E　なると、うまく模倣することは、行為によっても難しく、言葉によってはなおさら難し
いことは誰にとっても明らかです。

他方、ソフィストというものについて言えば、他のことに関する多くの立派な議論に
ついては大した達人だと思っていますが、彼らは国から国へとさまよい歩き、自分の家
に住むことがないのだから、知を愛すると同時に国政に携わる人[*2]に関して、これらの人
が戦争と戦闘において実際に行動したり、言葉において各国と交渉したりするとき、ど
のようなことをどれほど行ったり語ったりするかということについては、ソフィストの
言うことは的外れではないかと私は恐れています。

そこで残るは、素質においても育ちにおいても〔知を愛すると同時に国政に携わると
20A いう〕両方の能力をそなえた、あなたがたのような人たちです。というのも、ここにいるティマイオスも、とてもよい政治が行われている国であるイタリアのロクロイの人で、財産と家柄において、かの地の人の誰にもひけをとらず、その国で最も重要な官職と名誉ある地位に就きましたが、私の見るところ、知を愛すること全般にかけても、その頂上を極めた人だからです。クリティアスにしても、今私たちが話していることのどれについても素人でないことは、おそらくこの地の誰もが知っていることです。ヘルモクラテスの素質と育ちについてもまた、それらすべてのことに対して十分であることは、多くの人が証言しているのですから、信ずべきことです。

B 昨日も、私はあなたがたから国家に関することを話すように求められたとき、このことを考えていました。だから、私は進んでそれを引き受けたのです。その話の続きは、あなたがたがその気になれば、あなたがたより十分な話ができる人など誰もいないことを知っていたからです。私たちの語る国家をしかるべき戦争状態に置いて、その国家にふさわしいすべてのものを与えることができるのは、今いる人たちの中では、あなたがただけでしょうからね。そこで、私は求められたことを話すと、今度はこちらからあなたがたに、今私が話していることを要求したのです。するとあなたがたはお互いによ

C く考えた上で、これから私にお返しとして話のもてなしをすることに同意してくれました。だから、私はそのために着飾って、そのもてなしを受けようと誰よりもはりきってここに来ているのです。

ヘルモクラテス[*3]　確かに、このティマイオスが言ったように、ソクラテス、私たちはおもてなしをする熱意に少しも欠けていませんし、それをしないで済む口実も私たちにはまったくありません。だから、昨日も私たちはここから立ち去って、宿泊しているクリティアスの客間に着いたとき、いや、まだ着く前の道中でも、まさにそのことについ
D て思案していました。すると、このクリティアスが昔聞いた話を私たちに語ってくれたのです。クリティアス、その話を今またこの人に話してあげてください。それがこの人の要求にかなうものか、そうでないかを一緒に調べてもらうために。

クリティアス　そうしなければなるまい。三人目の仲間ティマイオスにも、そうするのがよいと思われるなら。

ティマイオス　それがよいと思います。

クリティアス　では、聞いてください、ソクラテス、とても不思議ですが、まったくもって真実の話を。それは、七賢人の中でも最も賢いソロンがかつて語ったことです。
E ソロンは、自分でも自作の詩のあちこちで言っているように、私の曽祖父ドロピデスと

21A

は親戚であり、親友でした。彼は、私の祖父のクリティアスに、こんな話をしたのです。それをまた老いた祖父が私たちに思い出話としてよく語ったものです。すなわち、時の経過と人々が死に絶えたことで、もはや忘れ去られてしまったが、その昔、驚嘆すべき数々の偉業がこの国（アテナイ）によって成し遂げられた、というのです。そのうちの一つは、あらゆる偉業の中でも最大のものです。これを今思い出して語るなら、それはあなたに対する返礼としても、同時に女神様（アテナ）を、このお祭り[*4]にあたって、賛歌を歌うように、正しい本当の仕方で称えるためにも、私たちにとってふさわしいことでしょう。

ソクラテス　それは素晴らしい。しかし、それはいったいどんな偉業ですか。語り伝えられてはいないが、その昔、本当にこの国によって成し遂げられたとクリティアスがソロンから聞いて語ったというのは。

三

クリティアス　私がお話ししましょう。昔の話としてそれを私に語り聞かせてくれた人は若くはありませんでした。というのも、当時〔祖父の〕クリティアスは、彼が言う

B には、すでに九〇歳に近かったからです。それに対して、私はせいぜい一〇歳くらいで
した。その日は、たまたまアパトゥリア祭のクレオティスでした[*1]。そこで、この祭りの
恒例の行事が、そのときにも子供たちのために行われました。つまり、父親たちは私た
ち子供に詩の吟唱を競わせたのです。そこで、たくさんの詩人のたくさんの詩が吟唱さ
れましたが、当時はソロンの詩が新しかったものですから、多くの子供たちがそれを歌
いました。

　すると、同じ氏族のある人が、そのとき本当にそう思っていたからか、あるいは〔祖
C 父の〕クリティアスを何か喜ばせようとしてか、ソロンは他の点でもきわめて賢いが、
詩作にかけてもあらゆる詩人の中でいちばん自由人らしいと思う、と言いました。する
と、老人は、私はとてもよく覚えているのですが、たいへん喜んで、微笑みながらこう
言いました。

「アミュナンドロスよ、もし彼が片手間に詩作したのではなく、他の詩人たちのように
本気で取り組んでいたなら、そしてエジプトから持ち帰った物語を詩作品として完成さ
せていたなら、内乱や、この地に帰ってきたときに遭遇したその他の災難のために、そ
D れをなおざりにすることを強いられなかったなら、私の考えでは、ヘシオドスも、ホメ
ロスも、他のいかなる詩人も彼以上の名声を得ることはなかったでしょう」。

その人が「それはどんな物語ですか、クリティアス」と尋ねると、老人はこう言いました。

「まさしく、最も偉大で、何よりも名高くて当然である行為についての物語です。それはこの国が成し遂げたことですが、時の経過とそれを行った人たちが死に絶えたことから、その物語は今日まで伝わっていないのです」。そこで、その人は言いました。「はじめから話してください。それはどんな物語で、ソロンはそれをどのようにして、誰から本当のことだと聞いて、語っていたのですか」。

E
老人は言いました。「エジプトの三角州のナイル川が分岐する頂点のあたりに、サイスと呼ばれる州があります。この州の最大の都市がサイスです。アマシス王[*2]も、そこの出身でした。この都市には創始者とされる神がいて、その名はエジプト語ではネイトと言い、ギリシア語では、その地の人たちの話によると、アテナだそうです。彼らはたいへんなアテナイびいきで、自分たちは何らかの点でアテナイ人と親戚関係にある、と主張しています。さて、ソロンはその地を訪れて、彼らの間でたいへん尊敬されたそうで
22A
すが、こんなことも言っていました。あるとき、神官の中でもとりわけ昔のことに通じた人たちにそれらのことを尋ねているうちに、自分も他のいかなるギリシア人も、こうした事柄については、いわば何一つ知らないのだということに気づいたそうです。また

あるとき、彼らに昔の話をするように仕向けるつもりで、ギリシアにおける最も昔のこ
とを試しに話してみたそうです。すなわち、最初の人間と言われるポロネウスとニオベ[*3]
B のことを話し、また大洪水のあとにデウカリオンとピュラ[*4]がどのようにして生き延びた
のかを物語り、彼らの子孫の系譜をたどり、そしてそれぞれの時代に言及しながら、彼
が語った事柄が全部でどれほどの年数になるかを計算しようと試みたそうです。
すると、神官の中でもたいそう年をとった人が言いました。『ソロンよ、ソロンよ、
あなたがたギリシア人はいつまでも子供だ。ギリシア人に年寄りはいない』。それを聞
いてソロンが『それはどういう意味ですか』と尋ねると、神官はこう言いました。
『あなたがたはみんな心が若いのだ。あなたがたの心には、古くから言い伝えられた昔
C の説も、時を経た蒼古たる学問も、何一つないのだから。その理由はこうだ。人間の滅
亡はさまざまな原因で数多くあったし、これからもあるだろうが、火と水によるものが
最大で、他の無数の原因によるものは、これらに比べれば小さなものだ。というのも、
あなたがたのもとでも語られているように、かつてヘリオス（太陽）の息子パエトン
は、父の車に馬をつないだが、父の軌道に沿って駆ることができなかったために、地上
のものを焼き尽くし、彼自身も雷に撃たれて死んだという。そのことは神話の形で語ら
D れてはいるが、真実は、大地を巡って天を運行するものが軌道を逸脱することで長い期

間を置いて周期的に起こる、大火による地上のものの滅亡を意味しているのだ。
だから、このようなときには、山や高地や乾いた場所にいる人たちのほうが、川や海
のそばにいる人たちよりも、より多く滅びる。ところが、私たちにとっては、他のとき
もそうだが、このときにも救い主であるナイル川が開放されて[*5]、この難局から救ってく
れる。他方また、神々が大洪水を起こして大地を水で浄めるときには、山にいる牛飼い
E や羊飼いは救われるが、あなたがたの地方で都市にいる人たちは川によって海に流され
る。しかし、この土地では、そのときにも、他のときにも、水は高いところから平野へ
と流れ下ることはなく、むしろ反対に、すべての水は下から湧き上がってくるようにな
っている。
　それゆえ、これらの理由から、この地に保存されているものが最古のものと言われて
いるのだ。しかし、本当は、極端な寒さや熱さが妨げとならないすべての場所に、多か
23A れ少なかれ人間の種族はいつでも存在している。あなたがたのところのことであれ、こ
の地のことであれ、あるいは私たちが聞き知っている他の場所のことであれ、どこかに
何か立派なこと、偉大なこと、他の何か際立ったことが起こったなら、この地ではすべ
てが書きとめられて神殿の中に保存されてきたのだ。しかし、あなたがたや他の人たち
のところでは、文字やその他、都市生活に必要なものがやっとそなわったと思うと、そ

のたびに、決まった年数おきに再び疫病のように天からもたらされる水流がやって来
B て、あなたがたのうちで文字の読めない無教養な人たちだけが生き残る。その結果、あ
なたがたは再びはじめに戻って、いわば子供になり、この地のことも、あなたがたの地
のことも、古い時代にあったことはすべて何一つ知らない状態になるのだ。
　実際、ソロンよ、今あなたが系譜をたどって語った、あなたがたの地に関する話にし
ても、子供の物語と大差ない。第一に、あなたがたは地上の大洪水を一つしか記憶して
いないが、そのような洪水は以前に何度も起こった。さらには、およそ人間のうちで最
も立派な、最も優れた種族が、かつてあなたがたの土地にいたことを、あなたがたは知
C らない。あなたも、今のあなたの国の全市民も、その種族の子孫なのだ。大洪水のと
き、ごくわずかな種が生き残ったおかげでね。しかし、生き残った人々が何世代にもわ
たって文字を知らないまま死んでいったので、あなたがたはそのことに気づいていな
い。というのも、ソロンよ、かつて水による最大の破滅が起こる以前に、今アテナイ人
のものであるその国家は、戦争に関しても最強で、あらゆる点で格別によい法律をそな
えた国でもあったのだ。その国家が成し遂げた偉業とその国制は、この天の下で私たち
D が伝え聞いたあらゆるもののうちで最も立派だったと言われている』。
　そこで、これを聞いたソロンは驚いて、昔のアテナイ市民の話すべてを詳しく順を追

って自分に話してくれるようにと、神官たちにありったけの熱意を込めてお願いしたそうです。すると、例の神官が言いました。
『何も言い惜しみすることはない、ソロンよ。あなたのために、そしてあなたがたの国家と、とりわけかの女神のためにも、お話ししよう。この女神は、あなたがたの国とこの国の守護神となり、これらを養い教育してくださったが、あなたがたの国のほうが一
E 〇〇〇年早く女神はゲーとヘパイストスからあなたがたの種を受け取った[*6]のであり、私
たちの国はそのあとだった。だが、私たちのもとでは、この地で国が整えられてから八〇〇〇年という年数が経つことが、聖なる文書に記されている。だから、九〇〇〇年前にいたことになる、かの市民について、彼らの法律と、彼らが成し遂げた偉業の中でも最も立派なものを、あなたに手短にお話ししよう。すべてについて詳しく順を追ってお
24A 話しするのは、今度また暇なときに、家の文書をもってきた上でのことにしよう。
　さて、法律については、この地のものを参照してください。というのも、かつてあなたがたのもとにあった法律の実例の多くを、この地の今の法律に見出すでしょうから。まず、神官の種族が他の人々とは別に区別されていること。次に、職人の種族は、牧人の種族も、猟師の種族も、農夫の種族も、それぞれが独立して、他の職種と混ざること
B なく自分の仕事に従事していること。そしてさらに、この地では戦士の種族が他のすべ

ての種族から分離されていることにも、たぶんあなたはお気づきでしょう。彼らは戦争以外のいかなることにも関心を抱いてはならないと法律によって定められている。なお、彼らの武装の形式は丸楯と槍をもつものだが、これらによって武装することは、アジアの人々のうちでは私たちが最初に始めた。かの女神が、かの地方ではあなたがたに最初に示したように、私たちに指示されたからだ。さらにまた、知識に関する点では、

C　この地の法律がそもそものはじめから宇宙についてどれほどの配慮を払ったか、たぶんあなたもご存じでしょう。宇宙のような神的な事柄から人間的な事柄まで、占いや健康のための医術に至るまで、あらゆることを発見し、その他これらに付随するあらゆる学問を獲得したのだから。

そこで、このような秩序と制度を、女神は私たちに先立って、あなたがたが生まれた場所を選んで、あなたがたを住まわせたときに整えた。その土地の穏やかな気候が最も

D　思慮に富んだ人間を生み出すだろうと見て取ったからである。実際、その女神は戦好きであると同時に知を愛するかたでもあるので、自分と最も似た人間を生み出すことになる土地を選んで、そこに最初に住まわせたのだ。だから、あなたがたは先に述べたような法律を享受していた、いや、さらにもっとよい法律の下で暮らしていた。あなたがたは、あらゆる徳において、すべての人間を凌いでいたのだ。神々が生み育てた者なら、

そうであるのももっともだと思わせるほどに。
E　だから、あなたがたの国家が成し遂げた大きな偉業で、この地で書きとめられて驚嘆
されているものは数多いが、それらすべての中でも、ある一つのことがその規模と卓抜
さの点で他にまさっている。というのも、あなたがたの国家がかつてどれほど大きな勢
力の侵入を阻止したかを、文書は語っているからだ。その勢力は、外から、アトラスの
外洋（大西洋）から押し寄せて、傲慢にも全ヨーロッパとアジアに同時に進軍してき
た。あの外洋は当時は航行可能だったからだ。というのも、その外洋には、あなたがた
の話によると、「ヘラクレスの柱」とあなたがたが呼ぶ海峡（ジブラルタル海峡）の彼
方に島があったのだ。その島はリビア（アフリカ）とアジアを合わせたよりも大きく、
そこから他の島々に当時の航海者は渡ることができたのであり、またその島々から、あ
25A　の本当の海のまわりにある対岸の全大陸に渡ることもできた。というのも、今述べた海
峡の内側にあるこちら側の部分（地中海）は何か狭い入り江をもった池にしか見えない
が、他方、あの外洋こそが本当の海であり、また、それを取り囲んでいる大地をこそ、
真実に、最も正当に大陸と呼ぶべきであろうからだ。
　さて、このアトランティス島には諸王の驚くべき強大な権力が興《おこ》り、その島全土のみ
ならず、他の多くの島々と大陸の諸地方を征服した。さらに、それらに加えて、海峡の

B 内側のこちらでも、エジプトとの境までのリビアと、テュレニア（イタリア中部）まで
のヨーロッパを支配していた。実に、この全勢力が一丸となって、あなたがたの地方
も、私たちの地方も、海峡の内側のすべての地方をも、一撃のもとに隷属させようと企
てたのだ。そのとき、ソロンよ、あなたがたの国家の力は、勇気においても強さにおい
ても全人類の目に明らかなものとなった。あなたがたの国家は、勇敢さと戦争の技術の
C 点ですべての国の先頭に立ち、当初はギリシア人を指揮していたが、のちに他の国々の
離反によって孤立を強いられ、危機の極みにまで陥りながらも、攻め寄せる敵を打ち負
かして、戦勝記念碑を打ち建てた。いまだ隷属していない人たちに対しては隷属を防
ぎ、他の人たちに対してはヘラクレスの境界の内側に住む人すべてを惜しみなく自由の
身にした。

D しかし、のちに途方もない大地震と大洪水が起こり、苛酷な一昼夜がやって来たと
き、あなたがたの軍隊はすべて一挙に大地の下に呑み込まれ、アトランティス島も同様
に海中に沈み、姿を消した。それゆえ、今でも、あの外洋は航行できず、探索できなく
なっているのだ。島が沈んだときに生じた泥土がたいへんな浅瀬をなして、航行を妨げ
ているからだ』」。

四

E 実に、ソクラテス、老祖父クリティアスがソロンから聞いて語ったことは、切りつめ
て言えば、今あなたが聞いたとおりです。まったく、あなたが話したあの国制と国民の
ことを昨日あなたが語るのを聞いていたとき、私はまさに今話したことを思い出して驚
いていました。不思議なことに、偶然にもあなたの話は大部分がソロンの語ったことと
ぴたりと一致していることに気づいたからです。けれども、私はその場でそのことを言
26A う気にはなりませんでした。時が経っていたので十分に覚えていなかったからです。そ
れで私は、まずは自分だけで十分に思い出した上で語る必要があると考えました。
　だから、昨日あなたの要求にすぐ同意したのです。およそこのようなときに最も大事
なことは、何か期待に応える話題を提供することですが、私たちにはそれをかなりうま
くやり遂げることができると思ったからです。だから、この人（ヘルモクラテス）が言
B ったように、昨日もここを立ち去るとすぐに、この人たちを相手に、その話を思い出し
ながら語り聞かせ、彼らと別れてからも夜の間に考え抜いて、ほとんどすべてを思い出
しました。まったく、子供のときに学んだことはよく記憶に残る、と諺《ことわざ》に言うとおり

です。というのも、私ときたら、昨日聞いたことは再びすべてを思い出せるかどうか怪
しいものなのに、ずっと昔に聞いたあの話なら、そのうちの何か一つでも記憶から逃れ
ているとすれば、まったく驚きでしょう。何しろ、あの話は当時たいへん楽しみにして
C 大喜びで聞いたものですし、老人のほうも、私が何度も尋ねるものだから、乗り気で教
えてくれたものです。だから、それは消し去ることができない蠟画[*1]のように、私の記憶
にいつまでも残っているのです。さらにまた、この人たちにも、私と一緒に話をうまく
やり遂げてもらうために、朝から早々にまさにその話を聞かせていたのです。
　それでは、今まで述べてきたことはすべてこの話のためでしたが、今やそれを話す準
備ができましたよ、ソクラテス。しかも、要約だけでなく、聞いたとおりに一つ一つを
ね。そして、昨日あなたが私たちに話の上で論じていたあの市民と国家を、今やこの現
D 実の世界に移して、あの国家とはこのアテナイのことであるとし、あなたが考えていた
市民とは、神官が言っていた、あの私たちの本当の祖先であると言うことにしましょ
う。彼らはあらゆる点でそれにふさわしいし、彼らを当時実在していた人たちだと言っ
ても的外れな話にはならないでしょう。では、私たち全員で一緒に仕事を分担して、あ
なたの要求にできるかぎりふさわしいものをお返しするように努めましょう。そこで、
ソクラテス、あなたによく考えてもらわなければなりません。この話は私たちの意にか

E なったものなのか、あるいは、その代わりに何か別の話を探さなければならないのか
を。

ソクラテス　いや、クリティアス、これの代わりにどんな話を取り上げることができ
るでしょうか。これこそ私たちの女神にゆかりの深い話ですから、今行われている女神
の祭りにとりわけふさわしいでしょう。それに、作り話ではなく真実の話だという点
も、とても重要です。この話を差し置いて、どこからどうやって他のものを見つけるこ
とができるでしょうか。できやしません。さあ、幸運を祈って、あなたがたは話さなけ
ればなりません。私は昨日話した代わりに、今度は静かに拝聴しなければなりません。

27A クリティアス　では、私たちがお膳立てした、あなたへのおもてなしの献立を見てく
ださい、ソクラテス。すなわち、私たちはこうするのがよいと考えました。ティマイオ
スは私たちの中で最も天文学に通じていて、万有の本性を知ることをとりわけ仕事にし
てきたのだから、まずこの人に、宇宙の生成から話し始めて、人間の本性で話を終えて
もらいます。その次には、私が、この人からは話の上で誕生した人間を受け取り、あな
たからはその人間のうち特によく教育された人たちを受け取ったことにして、話をしま
B す。ソロンの話にも、法律にも従って、その人たちを裁判官である私たちの前に呼び出
すようにして、彼らこそが、かの聖なる文書が消えてしまったと告げている、かつての

アテナイ人であるとして、この国家の市民とします。そのあとは、すでに市民となりアテナイ人となった人たちについて話をしていくのです。[*2]

ソクラテス　完璧で素晴らしい話のもてなしを、お返しにいただけることになりそうです。それでは、次に話をするのがあなたの務めのようですね、ティマイオス。習慣に従って、神々に呼びかけた上で。

五

C ティマイオス　いや、ソクラテス、少しでも分別のある人なら誰でも、大小を問わず何であれ事を始めるときには、いつでも神に呼びかけるものです。私たちは、万有について、それはどのように生じたのか、あるいは生じることのないものなのかを何とかして論じようとしているのですから、すっかり気がふれているのでないかぎり、神々と女神たちに呼びかけて、私たちが語ることすべてが何よりも神々にとってお気に召しますように、そしてさらには私たちにとっても意にかなうものとなりますようにと、お祈り
D しなければなりません。神々に関しては、以上のように祈願したことにしましょう。他方、私たちに関しては、こう祈願しなければなりません。あなたがたには、できるだけ

容易に理解してもらえますように。私としては、提起された問題について、できるだけ明確に示すことができますように、と。

　さて、私の考えでは、まず次のことを区別しなければなりません。常に存在するもの、生成しないものとは何か、また、生成するもの[*1]、決して存在することがないものと
28A は何か、ということです[*2]。前者は、常に同一であるのだから、知性の働きによって、理性の助けを借りて把握されるもので、他方、後者は、生成しては消滅し、本当の意味では決して存在することがないのだから、思惑によって、理性をともなわない感覚の助けを借りて思いなされるものです[*3]。また、生成するものはすべて、何らかの原因によって生成するのでなければなりません。どんなものでも、原因なしに生成することは不可能だからです。ところで、何であれ、製作者が常に同一を保つものに目を向けて、何かそのようなものを手本[*4]に用いて製作物の形や性質を作り上げる場合には、そのようにして
B 完成されたものはすべて必ず美しいものになります。他方、生成したものに目を向けて、生み出されたものを手本に用いて製作する場合には、完成したものは美しくなりません。

　そこで、この天全体——あるいは宇宙であれ、他の何であれ、それが最もよく受け入れてくれる名前で呼ぶことにしましょう[*5]——、とにかく、これについて、どんなものに

ついても最初に考察しなければならない問題を、まず考察しなければなりません。すな
わち、それは、生成の始まりというものを決してもたずに常に存在したものなのか、あ
るいは何らかの始まりから始まって生成したものなのか、という問題です。それは生成
したものです。なぜなら、それは見られるもの、触れられるもの、身体[*6]をもつものであ
C り、こうしたものはすべて感覚されるものであって、感覚されるもの、すなわち思惑に
よって感覚の助けを借りて把握されるものは生成するもの、生み出されたものであるこ
とは、先に明らかにされたことだからです。

さらにまた、生成したものは何らかの原因によって生成するのでなければならない、
と私たちは主張します。さて、この万有の作り主にして父[*7]を見出すことは大仕事であ
り、たとえ見出したとしても、それをすべての人に対して語ることは不可能です。だか
ら、私たちは宇宙について再び次のことを考察しなければなりません。宇宙を建設した
者は、どちらの手本に目を向けて宇宙を作り上げたのか。同一で同様なあり方を保つも
29A のか、それとも生成したものか。もしこの宇宙が美しく、その製作者が善き者であると
すれば、永遠なものを手本にしていたことは明らかです。しかし、もし言うのも憚《はばか》られ
るようなことだとすれば、生成したものを手本にしていたことになります。すると、永
遠なものを手本にしていたことは、誰にとっても明らかです。なぜなら、この宇宙は生

成したものの中で最も美しく、その製作者は原因の中で最も善き者だからです。宇宙は
このようにして生成したのだから、理性と思慮によって把握され、同一を保つものを手
B 本にして製作されたのです。以上のようであるとすれば、この宇宙が何かの似像である
こともまた大いに必然です。

　何であれ、本性に則した始まりから始めるのがいちばん大事です。そこで、似像とそ
の手本について、言論とはそれが説明する対象そのものと同類でもあるとして、次のよ
うに区別しなければなりません。すなわち、言論の対象が安定した確固たるもので、知
性の助けを借りて明らかになるものである場合には、言論も安定した不変なものとなり
ますが——論駁されえず、打ち負かされないことが言論に可能であるかぎり、そしてそ
C のことが言論にふさわしいかぎり、その点で何一つ欠けてはならないのですが——、他
方、言論の対象が、あの手本に似せて作られてはいるが、似像にすぎない場合には、そ
の言論自体も、先の言論と類比的に、似ているにすぎない（もっともらしい）言論とな
ります。つまり、生成に対する実在の関係が、信念に対する真理にも成り立つのです。*8
だから、ソクラテス、神々や万有の生成といった多くのことについて、多くの点で私た
ちがあらゆる点で完全に整合的で厳密に仕上げられた言論（説明、理論）を与えること
ができないとしても、驚かないでください。むしろ、話をする私も、判定者であるあな

D たがたも人間の本性をもっていること、したがって、それらのことについてはもっとも
らしい物語を受け入れて、さらにそれ以上は何も求めないのがふさわしいということを
思い出して、誰にも劣らずもっともらしい言論（説明、理論）を提供できるなら、それ
で満足しなければなりません[9]。

ソクラテス　素晴らしい、ティマイオス。まったくそのとおり、あなたがおっしゃる
ように受け入れなければなりません。確かに、あなたの序曲を私たちは驚嘆をもって受
け入れました。さあ、引き続き本曲のほうを最後までやり遂げてください。

六

E ティマイオス　では、構成者がどんな原因によって生成とこの万有を構成したのかを
お話ししましょう。彼は善きものでした。善きものには、何についても、どんな場合に
も、いかなる嫉妬も生じません[1]。彼は嫉妬の埒外にいたので、すべてのものができるだ
け自分自身に似たものになることを望みました。これこそが生成と宇宙の最も決定的な
30A 始まりだったことを賢者たちから受け入れるなら、それが最も正しい受け取り方でしょ
う。というのも、神はすべてが善きものであること、劣ったものはできるだけ何一つな

いことを望んで、そうして目に見えるすべてのものを受け取ったのですが、それははじっ
としておらず、調子外れで無秩序に動いていたので[*2]、秩序のほうが無秩序よりも、あら
ゆる点でより善いと考えて、それを無秩序な状態から秩序へと導いたからです。

最も善いものには、かつても今も最も優れたこと以外のことをすることは許されませ
B ん。だから、神は推論の結果、次のことを見出しました。本性上目に見えるもので、一
般に、知性のないものが知性をもつものより優れた作品になることは決してないが、知
性は魂を離れて何かに生じることは不可能である、と。神は、この推論から、本性上最
も美しく最も優れた作品を作り上げるために、知性を魂の中に、魂を身体の中に組み込
むことで万有を建設しました。それゆえ、もっともらしい議論に従うなら、このように
して、この宇宙は神の先見の明によって真実に、魂をそなえ、知性をもった生き物とし
C て生まれたと言わなければなりません。

以上のことがこのとおりだとすれば、私たちはまた、その次の話をしなければなりま
せん。構成者はどんな生き物に似せて宇宙を構成したのか、ということです。もともと
部分であるようないかなる種類のものにも、宇宙を似せたなどと考えないようにしまし
ょう。不完全なものに似ているものは、何一つ美しいものにはならないでしょうから。
むしろ、個別にも類別にも、他のものが部分としてそれに属するようなものに、何より

も宇宙は最も似ていると考えましょう。というのは、この宇宙が私たちやその他の目に
D 見える生き物として構成されたものすべてを包括しているように、あの宇宙（この宇宙の原型・手本）は知性の対象である生き物すべてを自らのうちに包括してもっているからです。つまり、知性の対象となるもののうちで最も美しく、あらゆる点で完全なものに最もよくこの宇宙を似せようと望んだ神は、自らの内部に本来自分と同族であるすべての生き物を含んでいるような一つの目に見える生き物として、この宇宙を構成したのです。

31A ところで、私たちが宇宙を一つのものとして呼んできたのは正しかったのでしょうか。それとも、多数のものとして、また無数にあるものとして呼んだほうが正しかったのでしょうか。もしそれが手本に基づいて製作されたものであるはずなら、一つのもので正しかったのです。なぜなら、知性の対象である生き物すべてを包括しているものが、他のものと並んでいて、二つのうちの一つだということはありえないでしょうから。というのも、そうだとすれば、それら両者を包括する別の生き物がまた必要になり、両者はそれの部分であることになるでしょう。すると、この宇宙は、それら両者にではなく、それらを包括するもののほうに似せられたと言うほうが、より正しいことに
B なるでしょうから。したがって、この宇宙は、単一性という点で完全な生き物に似るよ

うにという理由から、宇宙の作り主が作ったのは二つの宇宙でも無数の宇宙でもなく、この宇宙はただ一つのものとして生じたものであり、これからもそうあることでしょう。

七

さて、生じたものは、物体的なもので、目に見えるもの、触れられるものでなければなりません。しかし、どんなものも火がなければ目に見えるものにならないし、何か固いものがなければ触れられるものにならないし、土なしには固いものにはならないでしょう。このことから、万有の身体を構成し始めるにあたって、神は火と土から作ることにしたのです。しかし、二つのものだけで第三のものがなければ、二つのものをうまく
C 結び合わせることはできません。何らかの絆が中間にあって、両者をつなぎ合わせるものになる必要があるからです。最も優れた絆とは、自分自身と結合されたものとを最もよく一つにするものでしょう。このことを本性上最も美しく成し遂げるものは、比例で
32A す。というのも、[*1]大きさに関してであれ、力に関してであれ、何であれ三つの数の中に一つの中項があって、初項対中項が中項対末項に等しく、また逆に末項対中項が中項対

初項に等しい場合には、中項は初項にも末項にもなり、末項と初項は両者ともまた中項にもなることで[*2]、このようにして、すべてが必然的に同じものだという結果になるし、互いに同じものだということは、すべてが一つだということになるでしょうから。

B　だから、もし万有の身体が平面で、少しも奥行きをもたずに生じるべきものだとしたら、自分と一緒にあるものと自分自身を結びつけるのに、中項は一つで十分でしょう。ところが、実際は万有は立体であることがふさわしく、立体は決して一つの中項によってではなく、いつでも二つの中項によって結び合わされます[*3]。このようなわけで、神は火と土の中間に水と空気を置いて、できるかぎり互いに同じ比例関係になるように、つまり火対空気が空気対水に等しく、また空気対水が水対土に等しくなるように仕上げて、目に見え、触れることができるこの宇宙を結び合わせて構成したのです。

C　これらの理由で、宇宙の身体は以上のような数にして四つのものから生み出され、比例によって調和したものとなり、また、それらから友愛を得ました[*4]。その結果、それは自己同一的な集合体となり、自分を結びつけたもの以外のものによっては解《ほど》かれえないものとなりました。

さらに、宇宙の構成は、これら四つのものの一つ一つを各々全体として取り込みました。すなわち、構成者は火と水と空気と土のそれぞれすべてから宇宙を構成し、どんな

もののいかなる部分も力も外部に取り残さないようにしました。それには次のような意
D 図があったからです。第一に、宇宙が完全な諸部分から成る、できるかぎり完全な全体
33A としての生き物になるように。それに加えて、別の同様なものが生じるための材料が残
っていないので、宇宙がただ一つのものになるように。さらには、宇宙が老いることも
病むこともないように。というのも、合成されたものというのは、熱いものや冷たいも
のや強い力をもったその他すべてのものが外部から取り囲んで攻撃してくると、時なら
ず解体され、病や老いを得て衰弱することを構成者は見て取ったからです。彼は、こ
のような原因とこのような推論ゆえに、全体としてのすべての材料から、一つの全体で
あり、完全で老いることもなく病むこともないものとして、この宇宙を建設したので
す。

B 構成者は、宇宙に、それにふさわしい本来の形を与えました。ところが、自分自身の
うちにすべての生き物を包括することになる生き物にふさわしい形とは、自分自身のう
ちにありとあらゆる形を包み込んでいる形でしょう。それゆえに、彼は宇宙を、中心か
ら端まであらゆる方向に等しく隔たっている球形に丸く拵《こしら》えました。これこそが、あら
ゆる形の中で最も完全で、自分自身に最も似た形であり、似ているもののほうが似てい
ないものよりはるかに美しいと彼は考えたのです。[*5]

C 彼はそれの外側全体を、満遍なく滑らかになるように、入念に仕上げたのですが、そ
れには多くの理由がありました。すなわち、宇宙は眼をまったく必要としませんでし
た。外部に目に見えるものは何も残されていなかったからです。聴覚も必要としません
でした。聞こえるものがなかったからです。吸い込むことを要求する周囲の空気も存在
しなければ、自分の中に食べ物を取り入れたり、養分を吸収したあとの食べ物を逆に排
出したりするための器官も必要としませんでした。というのも、何も出ていくこともな
く、どこかから自分の中へ入ってくることもなかったからです。そんなものは存在しな
いのですから。つまり、宇宙は自分で消費したものを自分に食べ物として提供し、すべ
D て自分自身の中で自分自身によって作用を受けたり及ぼしたりするように工夫されてい
たからです。なぜなら、構築者は、宇宙が自足したものであるほうが、他のものを必要
とするものであるよりも、より善いだろうと考えたからです。

また、手にしても、捕まえたり誰かを撃退したりする必要がないのだから、無駄に宇
34A 宙にくっつけるべきではないし、足や、一般に歩くためのものも同様だと彼は考えまし
た。というのも、彼は宇宙に、その身体にふさわしい運動を、すなわち七つの運動の中
でも、とりわけ知性や思慮に関わる運動[*6]を割り当てたからです。それゆえに、彼は宇宙
を、同じ場所で、同じ仕方で、それ自身の中で回転させることで、ぐるぐると旋回する

ようにしました。他の六つの運動[*7]はすべて取り除いて、それらによってさまよわないよ
うに仕上げました。このような回転運動には足はまったく必要ないので、彼は宇宙を脚
や足のないものにしたのでした。

八

以上はすべて、常に存在する神が、いつか存在することになる神（宇宙）について巡
B らせた推論で、神はこのように推論して、滑らかで均等で、中心からあらゆる方向に等
距離で、完全な物体から成る、まったき完全な身体を作りました。神は、その中心に魂
を置いて、全体にわたって引き延ばし、さらに外側から身体を魂ですっかり覆い、ぐる
ぐる旋回する、丸くて、ただ一つだけの宇宙を据え置きました。それは、優秀さゆえ
に、自分で自分と付き合うことができ、他にいかなるものも必要とせず、自分が自分の
知り合いであり友人であるのに十分だったのです。これらすべてのことゆえに、神は宇
宙を幸福な神として生み出しました。

私たちは今や〔身体より〕あとになって魂の話に取りかかろうとしていますが、その
C ように神も魂を〔身体より〕若いものとして拵えたわけではありません。なぜなら、神

は〔魂と身体を〕一緒にしたとき、年長のものが若いものによって支配されることを許
さなかったでしょうから。むしろ、私たちは多分に偶然に与《あずか》っているので、話し方も何
かそのように行きあたりばったりですが、しかし神は、魂は主人であり支配するよう
に、身体は支配されるようにと、生まれにおいても、優秀さにおいても、魂を身体より
35A も先なるもの、より年長のものとして構成したのです。その材料と方法は、次のような
ものでした。
不可分で常に同一を保つ「有」と、また物体の領域に生じる分割可能な「有」の中間
に、両者を混ぜ合わせて第三の種類の「有」を作り、また「同」と「異」についても[*1]、
同様に、それらのうちの不可分なものと、物体に関わる分割可能なものとの中間に、
〔第三のものを〕構成しました。そして、それら三つあるものを取り上げると、すべて
を混ぜ合わせて一つのものにしました[*2]。「異」は混ざりにくかったのですが、力ずくで
B 「同」に調和させました。これらを「有」と一緒に混ぜ合わせて、三つのものから一つ
のものを作ると、今度は逆に、その全体をふさわしい数だけの部分に、どの部分にも
「同」と「異」と「有」が混ざっているようにして、分配しました。
神は次のようにして分割し始めました。最初に、全体から一つの部分を取り分けまし
た。その次には、それの二倍の部分を取り分けました。さらに、第三の部分を第二の部

C 分の一倍半で第一の部分の三倍になるように、第四の部分を第二の部分の二倍になるように、第五の部分を第三の部分の三倍になるように、第六の部分を第一の部分の八倍に 36A なるように、第七の部分を第一の部分の二七倍になるようにと、取り分けていきました。[*3] これらのあとで、二倍ずつの間隔と三倍ずつの間隔を、[*4] あそこ（元の全体）からさらに部分を切り取っては、それらの間に置いていくことで満たしていきました。その際、どの間隔にも次のような二つの中項があるようにしました。一方は同じ割合の差で初項を超過し末項に超過されるもの、他方は数の点で等しい差で初項を超過し末項に超過されるものです。[*5]

しかし、先の間隔の中に、これらの絆（中項）から二分の三、三分の四、八分の九の B 間隔が生じるので、[*6] 八分の九の間隔で三分の四の間隔すべてを満たしていくと、それらの間隔のどれにも一つの分数が残りました。こうして残された分数の間隔は、数の比にして両端の項が二五六対二四三になるものでした。[*7] それで、混合されたものは、そこからこれらを切り取っていくうちに、こうしてすべてがすでに使い尽くされてしまいました。

そこで、神はその構造全体を縦に二つに裂いて、ちょうど文字Xのように、それぞれ C の真ん中と真ん中を互いに接合して、それぞれを一つの円になるように曲げて、接合個

所の反対側で自分自身とも相手ともつながるようにしました。[*8] そして、同じ場所で同じ
仕方で回転する運動に巻きつけて、二つの円のうちの一方を外側に、他方を内側にしま
した。そうして、外側の運動を「同」の運動と、内側の運動を「異」の運動と呼びまし
た。「同」の運動のほうは側面に沿って右に回転させ、「異」の運動のほうは対角線に沿
D って左に回転させ、「同にして一様なもの」の円運動に支配権を与えました。[*9] というの
も、この運動は切り分けずに一つのままにしておきましたが、内側の運動のほうは、二
倍と三倍のそれぞれ三つずつある間隔に従って、六個所で裂いて七つの等しくない円に
分け、それらの円を互いに反対に進行するように、速さにおいて三つの円は同様だが、
四つの円は互いにも、それら三つとも異なって進行するように仕向けたからです。[*10] もっ
とも、これらの円は、ある比に従って運動するのですが。

九

こうして構成者の考えどおりに魂の構造全体が生じると、次には物体（身体）の類を
E その内部に構築し、両者の中心と中心を合わせて結びつけました。魂は宇宙の中心から
端に至るまで全体に織り込まれ、宇宙の周囲を外側からぐるりと覆って、自分自身の中

で旋回することで全時間にわたる休みない思慮ある生の神的な始まりを始めました。そ
して、宇宙の身体は目に見えるものとして生じましたが、魂は、目には見えないけれど
37A も理性の働きと調和に与《あずか》っており、知性の対象であり常に存在するもののうち最も優れ
たもの（神）によって生み出されたもので、それ自体、生み出されたもののうち最も優
れたものでした。
　こうして魂は、「同」と「異」と「有」という、それら三つの部分から混ぜ合わさ
れ、比に従って分割され結合され、ぐるぐる回って自分自身に戻ってくるので、分散可
能な「有」をもった何かに触れるときにも、不可分な「有」をもった何かに触れるとき
にも、自分自身全体の中を動きながら、次のことを告げます。すなわち、何かが、何と
B 同じであるにせよ、何と異なっているにせよ、とりわけ、何との関係で、どこで、どの
ようにして、いつ、同じものや異なるものであったり、同じ状態や異なる状態になった
りするということが起こるのかを告げるのです。それは生成するものの領域の各々のも
のに対しても、常に同一を保つ各々のものに対しても同様です。異なっているものにつ
いても、同じであるものについても同様に真となる言論が、自分自身によって動かされ
るものの中を音も声もなく運ばれながら、一方では感覚の対象に関わって「異」の円が
正しく進み、宇宙の魂全体に告げ知らせるときには確実で真なる思惑と信念が生じ、他

C 方では理性の対象に関わって「同」の円が滑らかに回り、それを報告するときには必然的に知性と知識が完成されます[*1]。存在するものの中で、これら二つが中に生じるものを魂以外のものだと言う人が仮にいるとしても、その人の言うことはまったく真実ではありません。

一〇

さて、この宇宙が動いて生きていて、永遠なる神々の神殿[*1]となったのを見て、生みの親である父は賛嘆し、喜んで、さらにもっと手本に似たものに仕上げようと考えまし
D た。そこで、手本がまさに永遠な生き物であるのだから、そのようにこの万有をも、できるだけそのようなものに仕上げることに取りかかりました。ところが、〔手本となった〕その生き物の本性はまさに永遠でしたが、それは生成したものには完全な仕方で与えることができないものでした。そこで、神は永遠の何か動く似像を作ろうと考えました。そして、宇宙を秩序づけると同時に、一にとどまる永遠の、数に従って進む、永遠を模した似像を作りました。これこそが、私たちが時間と名づけたものなのです。
E というのも、昼も夜も、月も年も宇宙が生じる前には存在しませんでしたが、宇宙が

構成されると同時に、それらのものが生じるように仕組んだからです。それらはすべて時間の部分であり、「あった」や「あるだろう」も時間の様相として生じました。それなのに、私たちは知らず知らずのうちに、それらを誤って永遠の実在に適用しています。というのも、私たちは実在について「あった」とも「ある」とも「あるだろう」と
38A も言っていますが、真実の言い方に従えば、それには「ある」だけがふさわしく、「あった」と「あるだろう」は時間の中で進行する生成について語られるべきだからです。なぜなら、それらは動きだからです。他方、動かずに常に同一を保つものは、時間の経過によって年をとったり若くなったりすることもなく、かつてなったことも、今なっていることも、今後あるだろうこともなく、総じて、生成が感覚の中を運ばれるものに提供するいかなるものも、それにはふさわしくありません。むしろ、それらのことは永遠を真似て数に従って回転する時間の様相として生じたのです。また、これらに加えて、
B 私たちはさらに次のようなことも言っています。つまり「生じたものは生じたものである」とか、「生じているものは生じているものである」とか、「生じるであろうものは生じるであろうものである」とか、「あらぬものはあらぬものである」と言っていますが、これらの言い方はいずれも正確ではありません。しかし、これらについて詳論するには、おそらく今はふさわしいときではないでしょう。

一一

それはともかくとして、時間が宇宙とともに生じたのは、両者は同時に生じたからに
は、もしいつかそれらに何か解体ということが起こるとすれば、それらは同時に解体す
るためでもありました。また、時間が永遠を手本にして生じたのは、宇宙ができるかぎ
C りその手本に似たものとなるためでした。というのも、手本のほうは全永遠にわたって
あるものですが、宇宙のほうはずっと全時間にわたって、あったもの、あるもの、ある
だろうものだからです。
　そこで、時間の生成に対する神のこのような考えと意図から、時間が生み出されるた
めに、さまよう星という呼び名をもつ、太陽と月と他の五つの星[*1]が、時間の数を区分し
見張るものとして生じました。神は、それら各々の星の身体を作ると、それらを「異」
の回転運動が巡る円運動の中に、すなわち七つの円運動に七つの身体を置きました。月
D は地球のまわりを巡る第一の円運動に、太陽は地球の上方を巡る第二の円運動に、明け
の明星（金星）とヘルメスに捧げられた星と呼ばれるもの（水星）は、速さにおいては
太陽と同じに回転するが、太陽とは反対の[*2]力を割り当てられた円運動に置きました。こ

のことから、太陽とヘルメスの星と明けの明星は、互いに同じように追いついたり追い
つかれたりするのです[*3]。他の星を神がどこにどんな理由で据えつけたのかは、もしその
E すべてを詳述するなら、余談であるにもかかわらず、目的とする本論よりも大きな仕事
になるでしょう。

　したがって、それらのことについては、おそらくあとで暇なときにでも、しかるべき
論述が行われるでしょう。とにかく、時間を一緒に作り出さなければならなかった星の
各々は、自分にふさわしい運行にたどりつき、魂をそなえた絆で身体を結ばれて生き物
39A となり、命じられたことを理解すると、傾斜していて、「同」の運動と交差し、それに
よって支配されている[*4]「異」の運動に沿って回転を始めました。それらのうち、あるも
のは大きな円を、あるものは小さな円を、また小さな円を運行するものはそのぶんより
速く、大きな円を運行するものはそのぶんより遅く。

　しかし、「同」の運動のために、最も速く周行するものが、より遅く運行するものに
追いついているのに追いつかれているように見えました[*5]。なぜなら、それらの運動は、
それらのすべての円が同時に反対方向へと二重の前進をするので、「同」の運動はそれ
B らすべての円を螺旋状に捻じ曲げることで、自分から遠ざかっていくのが最も遅いもの
が、最も速い自分の最も近くにいるように見えたからです[*6]。

そして、これらの互いに対する遅さと速さの明らかな尺度となるために、また、これら八つの円運動が進行するために、神は地球から数えて二番目の円軌道に光を灯《とも》しました。これが、今私たちが太陽と呼んでいるものです。その目的は、宇宙をできるかぎり限なく照らし、それにふさわしいすべての生き物が「同にして一様なもの」の円運動から学んで、数に与《あずか》るためでした。さて、このようにして、これらの理由から、夜と昼と
C いう一つの最も思慮深い円をなす回転運動が生じました。また、月が自らの円を一周して太陽に追いつくときには暦月が、太陽が自らの円を巡り終えるときには暦年が生じました。

しかし、他の星の周期については、多くの人のうちごく少数を除いては、人間たちは気にもとめていないし、名前もつけていないし、相互の関係を数で考察し、比較計測し
D てもいません。それゆえ、言ってみれば、それらの星のさまよいが途方もないほど数多く、驚くほど複雑だとしても、それらもまた時間であることを彼らは知らないのです。それでも、八つのすべての回転運動の速さが「同にして一様に進行するもの」の円によって測られ、相互に対して同時に完了して終結を迎えるとき、時間の完全な数が完全な年を満たす[*7]ことは十分に理解できます。

まさにこのようにして、これらのために、星々の中で、天を運行して回帰するものが

E

生み出されました。その目的は、この万有が永遠を模倣することで、完全にして知性の対象である生き物にできるかぎり似たものとなるためでした。

一二

宇宙は、すでにその他の点でも、時間の生成に至るまで、それが模写された元のものに似たものとして作り上げられましたが、いまだすべての生き物を自分の中に生じたものとして包括してはいなかったので、その点で、まだ似ていない状態にありました。そこで、神は宇宙のその残りの部分を、手本のあり方を写し取ることで仕上げようとしました。それで、まさに生き物であるもの（この宇宙の手本となったもの）のうちには、どのような種類の生き物がどれほどの数含まれているのかを知性が見て取ったのと、ちょうど同じ種類と同じ数の生き物を、この万有ももたなければならないと神は考えました。それらは四つでした。一つは神々（天体）から成る天の種族、もう一つは翼を有して空を飛ぶ種族、三番目は水中に棲む種族、そして歩行する陸に棲む種族が四番目でした。

40A

そこで神は、神的な種族の姿を、できるだけ輝かしく美しく見えるようにと、大部分を火から作り上げ、万有に似せてまん丸にし、それを最も支配力があるものの思慮（「同」の円運動）の中に置いて、その随伴者としました。その際、この種族を天の至るところすべてに配分して、天の真の飾りとし、[*1]全体にわたってちりばめました。神はその各々に二つの運動を与えました。一つは同じ場所において同じ歩調で動く運動で、それはそれ自身が同じことについて常に同じことを考えることによります。もう一つは前への運動で、それは「同にして一様なもの」の円運動によって支配されていることによります。しかし、他の五つの運動については、動かず静止したものとしました。[*2]それ

B

は、それらの各々ができるかぎり善いものであるためでした。

さて、これらの理由から、星々のうちでも、神的な生き物で、永遠で、常に同じ場所において同じ歩調で回転しながらとどまっている、さまよわない星（恒星）が生まれました。他方、向きを転じて、先に述べられたような仕方でさまよう星は、あのようにして生じたのです。[*3]

C

また、神は、地球を、私たちの養育者であり、万有を貫いて延びている軸のまわりに固定され、[*4]夜と昼を作り出して見張るものになるように工夫しました。この地球こそ、宇宙の内部に生じたすべての神々（天体）の中で、最初で最も年長のものです。

さて、これら自体の輪舞と相互の並走や、それらの円の自分たちに対する逆行と順

行、また合において、神々（天体）のうちのどんなものが一直線に並んだり、どれほど
のものが正反対の位置に来たりするのか、また、どんなものが、どれほどの期間を置い
て、互いや私たちの前を遮《さえぎ》ることで、各々が隠されたり、再び現れたりして、計算がで
D きない人たちに恐怖や、その後に起こるであろうことの兆しを送るのか、こういったこ
とについては、それらの模型でも見ずに語るのは無駄な労力となるでしょう。むしろ、
それらのことは私たちにとってはこれで十分なので、目に見える生み出された神々（天
体）の本性についての話は、これで終わりにしておきましょう。

一三

ところで、他の神霊[*1]について、その生まれを語ったり知ったりするのは私たちの身の
程を超えたことですから、以前これを語った人たちの言うことを信じなければなりませ
ん。何しろ、彼らが言うには、自分たちは神々の子孫で、自分たちの祖先のことをよく
E 知っているらしいのですから。だから、たとえ彼らが語ることに、もっともらしい説明
や必然的な証明がなかったとしても、神々の子供たちを信じないわけにはいきません。
むしろ、彼らは身内のことを報告していると主張しているのですから、習慣に従って信

じなければなりません。だから、彼らに従って、私たちも、それらの神々の生まれについては、次のようなものとして述べておきましょう。ゲー（大地）とウラノス（天）の子供として、オケアノスとテテュスが生まれた。また、オケアノスとテテュスから、ポルキュスとクロノスとレアと彼らの仲間たちが生ま
41A れた。また、クロノスとレアから、ゼウスとヘラと、彼らの兄弟だと言われているのを私たちが知っているすべての神々が生まれた。さらに、彼らからその他の子孫も生まれた。

そこで、はっきりと姿を現して巡行する神々も、自分たちが望む期間しか現れない神々も、すべての神々が誕生したとき、この万有を生み出した神は、彼らに向かって次のように言いました。

「私がその製作者であり父となった神的な作品である神々よ。私によって生じたものは[*2]、私がそう望まないかぎり、解体されることはない。確かに、結ばれたものはすべて
B 解《ほど》かれうる。しかし、美しく調和し、善き状態にあるものを解体しようと望むのは、悪しきもののすることである。それゆえ、あなたがたは生じたものであるからには、まったく不死なるもの、解体されえないものではないけれども、あなたがたは解体されることも、死の定めに遭うこともないだろう。あなたがたが生まれたときに結ばれたあの絆

よりも大きくて強力な絆である私の意志を受け取っているからである。
それでは、今私があなたがたに指示することを理解しなさい。死すべき種族が、まだ
三つ、生み出されずに残っている。これらが生じなければ、宇宙は不完全なものとなる
C だろう。なぜなら、その場合、宇宙は自分のうちに生き物のすべての種族はもっていな
いことになるが、宇宙は完全なものであるべきだとすれば、それらをもたなければなら
ないからである。しかし、私によって生じ、生命に与《あずか》るなら、それらは神々と同等なも
のとなるだろう。だから、それらが死すべきものとなり、この万有が真の万有となるた
めに、あなたがたは、あなたがたの本性に応じて、あなたがたを生み出したときの私の
能力を真似て、生き物たちの製作へと向かいなさい。彼らの中には不死なるものと同じ
名で呼ばれるのがふさわしいもの[*3]があり、それは神的なものと呼ばれ、彼らのうちにあ
って、常に正義とあなたがたに従おうと欲する者たちの導き手であるが、これについて
D は私が種を蒔き、端緒をなした上で、あなたがたに譲り渡そう。その他の部分について
は、あなたがたが不死なるものに死すべきものを織り込んで、生き物を作り上げて生み
出し、食べ物を与えて成長させ、衰えたときには再びその手に受け取りなさい」。

一四

神はこう言うと、以前に万有の魂を調合し混ぜ合わせるのに使った混酒器に再び向か
って、前回の残りをその中に注ぎ入れました。そのときも何か前と同じ仕方で混ぜ合わ
せたのですが、それはもはや前と同じほど純粋なものではなく、純度において二番目、
三番目のものでした。そして、すべてを構成し終えると、それを星と同じだけの数の魂
E に分割して、各々の魂を各々の星に分配し、乗り物に乗せるようにして乗せると、万有
の本性を教示して、魂たちに運命として定められた掟を次のように告げました。
「最初の誕生は、すべての魂にただ一つのものが割り当てられることになるが、それは
いかなる魂も神によって不利な扱いを受けることがないためである。そして、魂たち
42A は、各々にとってふさわしいそれぞれの時間の道具（惑星）に蒔かれて、生き物のうち
でも最も神を敬うもの（人間）として生まれなければならない。しかし、人間の性には
二通りあるが、より優れたものは、のちに「男」と呼ばれることになる種類のものであ
る。魂は必然的に身体の中に植えつけられ、身体にはそこに付け加わるものと、そこか
ら去っていくものがあることになるが、そのときには、第一に、すべての魂に一つの感

覚が、強制された受動状態から生まれつきのものとして必然的に生じるだろう。第二には、快楽と苦痛が混ざり合った愛が、またそれらに加えて恐怖や怒りや、その他それらに付随するものや、本来それらと反対の性質のものが必然的に生じるだろう。B もしそれらに打ち勝つなら正しい生き方をすることになるが、打ち負かされるなら不正な生き方をすることになるだろう。

そして、しかるべき時間を善く生きた者は、再び伴侶である星の住まいに赴いて、幸福な、その性格にふさわしい生を送ることになるだろうが、それに失敗するなら、第二の誕生において女の性へと変容するだろう。C そして、このような状況にあって、なお悪をやめない者は、その悪くなる仕方に応じて、その性格との類似性に従って、何かそれに類した野獣へと常に変容し、変化を繰り返しては、苦労のやむときがないだろう。[*1] 自分自身の中にある「同にして一様なもの」の回転運動に、火と水と空気と土から成る、あとに生じた大きな塊を引きずり込んで、その騒がしく非理性的なものを理性によって打ち負かし、最初の最善の状態の姿にたどりつくまでは」。D

神は、彼ら各々の今後の悪に対して、自分に責任が及ばないよう、これらすべてのことを彼らに掟として定める[*2]と、ある者は地球に、ある者は月に、ある者は他のすべての時間の道具に蒔きました。種蒔きのあとで、神は以下の仕事を若い神々に委ねました。

すなわち、死すべき身体を作ること、人間の魂にさらに付け加わって生じなければなら
E ない残りのものと、それらに付随するすべてのものを作り上げた上で支配すること、そ
して死すべき生き物を、彼自身が自分の悪の原因となる場合は除いて、できるかぎり立
派に善く操ることを。

一五

そして、神はこれらすべてのことを手配し終えると、習慣どおりに自分自身のいつも
のあり方にとどまっていました。神のほうはとどまっていましたが、神の子供たちは父
の命令を理解して、それに従いました。そして、死すべき生き物の不死なる始原（アル
ケー）を受け取ると、自分たちの製作者を真似て、火、土、水、空気の部分を、いつか
43A また返却するという条件で宇宙から借りてきて、その受け取ったものを一つに貼り合わ
せました。しかし、その際に用いたのは、自分たちが結び合わされた、あの解《ほど》くことが
できない絆ではなく、その代わりに小さくて目に見えない釘をびっしりと打って溶接
し、それぞれの身体一つ一つをすべての種類の材料を使って作り上げ、不死なる魂の回
転運動を流れが出入りする身体の中に結びつけました。

魂の回転運動は、その急流の中に結びつけられると、それを打ち負かすこともそれに
打ち負かされることもなく、力ずくで運ばれたり運んだりして、その結果として生き物
B 全体が動くことになりましたが、六つの運動すべてを得て、どこへであれ行きあたりば
ったりに、無秩序に比率なく進むことになりました。すなわち、前に後ろに、右に左
に、上に下に、六つの方向にあらゆるところへとさまよいながら進んだのでした。とい
うのも、氾濫したり退いたりして養分をもたらす波も大きかったのですが、各々の生き
物にぶつかってくるものの感覚的性質[*1]が作り出す騒ぎは、さらにもっと大きかったから
C です。すなわち、ある生き物の身体が、外からやって来た別の火にたまたま出くわして
衝突したり、あるいは土の固い塊や、水の濡れて滑りやすいところに衝突したり、空気
によって運ばれてくる風による嵐に襲われたりして、これらすべてによって諸々の運動
が身体を通って運ばれてきて魂にぶつかるような場合がそうです。そして、以上の理由
から、これらの運動は、のちにすべてが感覚と呼ばれることになったのであり、今でも
そう呼ばれているのです[*2]。
そしてさらに、まさにこのとき、それらの運動は、絶え間なく流れる水路と一緒にな
D って、魂の回転運動を動かし、激しく揺さぶることで、最も強力で最も大きな運動をも
たらしました。そして、一方では「同」の回転運動を、それとは反対に流れることで、

すっかり縛りつけ、支配することも進行することもできなくしてしまい、他方では
「異」の回転運動をも激しく揺さぶりました。その結果、それぞれ三つずつある二倍と
三倍の間隔をも、それらを結びつける二分の三、三分の四、八分の九の中項をも[*3]——こ
れらは、それを結合した神による以外には、完全に解体されることはなかったのですか
E ら——あらゆる仕方で捻じ曲げ、可能なかぎりの仕方で、円に対するあらゆる毀損と破
壊をそれらの中に生じさせたのです。その結果、それらの回転運動は、かろうじて互い
につながりながら運行してはいたものの、比率を欠いた状態で、ときには反対向きに、
ときには斜めに傾いて、またときには逆さまになって運行することになりました。それ
はちょうど、人が逆立ちをして頭を地面の近くに支え、足を上に向けて何かにもたせか
けているとき、そのような状態にあっては、逆立ちしている人にとっても、それを見て
いる人にとっても、どちらとも相手の右側が左に、左側が右に見えるようなものです。

実際、魂の円運動も、これと同じことか、これに類したことをひどくこうむっていま
44A す。だから、外部から「同」に類するものや「異」に類するものに出くわすときには、
魂の円運動は、何かと同じだとか、何かと異なっているとは言うけれども、それは真実
とは反対で、誤った愚かなものとなり、そのときそれらの中には支配し指導するいかな
る回転運動もないのです。それでも、外部から何らかの感覚がやって来て、それらにぶ

つかり、魂の容器全体を一緒に引きずっていくときには、魂の回転運動は支配されているのに支配しているように見えます。それで、魂はこれらすべてのことをこうむるので、今も最初のときにも、死すべき身体の中に縛りつけられたときには、はじめは愚か
B なものになるのです。

しかし、押し寄せる成長と養分の流れが小さくなり、再び回転運動が平静を取り戻して自分自身の軌道を進み、時の経過とともにより落ち着いたものとなるときには、やがてその円運動は、それぞれの円がその本性に則して進行するときの形へと正されて、「異」をも「同」をも正しく呼ぶことで、魂の所有者を思慮あるものとなるようにしま
C す。そこで、もし何らかの正しい養育が教育に加勢するなら、その人は最大の病気[*4]から
逃れて完全無欠な健康者となります。しかし、それを疎かにするなら、生涯を欠落者として過ごし、不完全で愚かなまま再び冥界に赴くことになるのです。

いや、これらのことは、のちにいつか起こることです。今問題提起された事柄について、もっと詳しく話さなければなりません。そして、それらに先立つこと、すなわち身体の各部分ごとの成り立ちについて、また魂について、それらがどんな原因と、神々の
D どんな先々への配慮によって生じたのかを、私たちは何よりも、もっともらしい議論に
しがみついて、その方針をたどりながら詳論しなければなりません。

一六

さて、神々は二つある神的な回転運動を、万有の形が丸いのに倣って、球形の身体に
結びつけました。これこそが今私たちが頭と名づけているもので、最も神的であり、私
たちのうちにあるすべてのものの主人なのです。神々は、頭に奉仕するものとして、身
体全体をも一つにまとめて、これに手渡しました。頭がこれから生じることになるすべ
ての運動に与《あずか》ることを考慮したからです。そこで、高低あらゆる起伏に富んだ大地の上
E を頭が転がっていって、高いところを乗り越えたり、低いところから這い出したりする
のに困らないように、頭に移動手段となる乗り物として身体を与えました。それゆえ、
身体は高さがあり、伸ばしたり曲げたりできる四肢を生やしているのですが、これも移
動のための神の工夫です。これらの四肢によって、身体はものをつかんだり、自分を支
45A えたりしながら、あらゆる場所を進むことができるようになりました。最も神的で最も
神聖なものの住まいを私たちの上に戴いて運びながら。

だから、このようにして、これらの理由から、足と手が誰にも付け加わって生じたの
です。また、神々は、後ろより前のほうが尊重されるべきで、支配するにふさわしいと

考えたので、私たちの進行の大部分をその方向に定めました。そこで、人間は前方が後方とは区別され、異なっていなければなりませんでした。それゆえ、神々はまず、頭という容器には、そちらのほうに顔を取りつけ、魂がすべての先々の配慮ができるようにと、そこに諸々の器官を据えつけて、指導の任にあたるのはこの本性上の前であると指
B 定しました。

　神々は器官の中でも光をもたらす眼を最初に作り上げて据えつけましたが、それは以下のような原因によってでした。すなわち、火の中でも焼くことはできないが、穏やかな（ヘーメロン）光をもたらすことはできるもの、日々の昼間（ヘーメラ）にふさわしいものを、神々は身体（眼の一部）となるように工夫しました。[*1] というのも、私たちの内部にはそれと兄弟である混じりけのない火があって、神々はそれが眼を通って流れ出るようにしたからです。その際、眼全体も滑らかで稠密なものにしましたが、とりわけ
C 眼の中心部分を圧縮して、〔その組織よりも〕粗い他のものはすべて堰《せ》き止め、先に述べたような純粋な火だけが通り抜けるようにしました。[*2] それゆえ、視線の流れの周囲に昼間の光があるときには、似たものが似たものへと飛び出していって一緒になり、眼から一直線上に、内から出ていくものが外からやって来るものと衝突して抵抗する方向へと、同族のものとなった一つの身体[*3]が形成されました。すると、その身体全体は同質な

D ので、作用も同様に受けることになり、自分が何に触れようと、他の何が自分に触れようと、それらのものの運動を、その身体全体を通して魂まで伝達し、私たちがそれによって見ると言っている感覚をもたらしました。

　しかし、夜になって同族の火が退くと、それ（視線）は断ち切られてしまいました。なぜなら、それは似ていないものに向かって出ていくので、自分が異なったものとなって消えてしまうからです。隣接する空気は火をもっていないので、それと一緒に結びつくことがもはやできないからです。したがって、それは見ることをやめ、さらに眠りを誘うものとなります。というのは、神々が視覚を保護するために工夫した瞼《まぶた》というもの
E が閉じるときには、それは内部の火の力を閉じ込めるので、その力が内部の運動を分散させて均等にし、運動が均等になると平静が生じるからです。その際、生じた平静が大きいときには夢の少ない眠りがやって来ますが、何か比較的大きい運動がまだ残ってい
46A るときには、それがどんなもので、どこに残っているかによって、それに応じた種類と量の幻が生じます。その幻は、内部で映し出されたものなのに、目覚めたときには外部にあったかのように思い出されるのです。

　ところで、鏡が映像を作ることや、ものを映し出す滑らかなものすべてについても、理解するのはもはや難しくありません。というのも、内部の火と外部の火がそれぞれ互

B いに交わるときには、また、一つになった火がそのつど滑らかな表面に現れて、さまざ
まに姿を変えるときには、それらすべての映像が必然的にそこに現れることになるから
です。すなわち、顔からの火が視覚からの火と、滑らかで光ったものの表面で一緒にな
ったときに、そうなるのです。また、左が右に見えるのは、衝突のいつもの仕方に反し
て、視覚の反対側に〔見る対象の〕反対側との接触が起こるからです。反対に、右が右
に、左が左に見えるのは、光が結びつく相手と結びつくときに位置を変える場合です。
C このことは、鏡の滑らかな面が両側で高くなって（左右に湾曲して）いて、視覚の右側
を左側に、左側を右側に押しやるときに起こります。しかし、その同じ鏡が顔に対して
縦向きになる（上下に湾曲している）ように向きを変えられると、全体が上下反対に見
えます。光線の上側を下側に、下側を上側に押しやるからです。

　実際、これらはすべて、神ができるかぎり善いものの姿を完成させるのに役立つもの
D として用いた、補助原因に属するものです。ところが、大多数の人たちは、これらを補
助原因だとは思わず、冷やしたり、熱したり、固まらせたり、溶かしたり、その他その
ような作用を及ぼすものを、あらゆるものの原因だと思っています。しかし、これら
は、どんなものに対しても、いかなる理性も知性ももつことができません。というの
も、存在するものの中で知性をもつにふさわしい唯一のものは魂だと言うべきだからで

す。この魂というものは目に見えませんが、火や水や土や空気はすべて目に見える物体
として生じたものです。知性と知識を愛する者は、思慮あるものに属する原因をこそ第
E 一に追究しなければならないのであって、他のものによって動かされ、また他のものを
必然的に動かすようなものに属する原因は二の次にしなければなりません。[*4] だから、私
たちもこの方針に従わなければなりません。確かに私たちは原因の両方の種類を論じな
ければなりませんが、それでも知性とともに美しく善いものを製作する原因と、思慮か
ら切り離されて、でたらめなものを無秩序にその時々に作り出すような原因とは区別し
なければならないのです。
だから、眼が今所有している能力をもつための補助原因については、これで語られた
ことにしましょう。では、次に、神が私たちに眼を贈ってくれた理由である、私たちの
47A 利益となる眼の最大の働きについて話さなければなりません。私の議論に従うなら、ま
さに視覚こそが私たちに最大の利益をもたらす原因だったのです。そもそも、万有につ
いて語られている今の話にしても、もし私たちが星も太陽も天も見たことがなかったな
ら、何一つ語られはしなかったでしょうから。しかし、実際は、昼と夜や、月や年の巡
りゆきや、春分・秋分や夏至・冬至が見られたことで、数が考案され、時間の観念と万
B 有の本性についての探求が可能になりました。これらから私たちは哲学というものを手

に入れたのです。この哲学よりも大きな善が神々からの贈り物として死すべき種族のもとにやって来たことは、いまだかつてなかったし、これからもないでしょう。

これこそが眼のもたらす最大の善である、と私は言いたいのです。他のもっと小さな利益など、私たちはどうして称える必要があるでしょうか。もっとも、哲学者（知を愛する者）でない人なら、盲目になったとき、それらについて「無益に嘆き悲しむ」[*5]でしょうけれど。むしろ、私たちとしては、このことの原因は次のことを目的としている、と言いましょう。すなわち、神が私たちに視覚を発明して贈り物にした目的は、私たちが天にある知性の回転運動を観察して、それと同族ではあるが乱れた状態にある私たち
C
の思考の回転運動に役立てるためであり、それを学ぶことで自然本性に則した正しい理性の働きに与《あずか》り、まったくさまようことのない神の回転運動を真似ることで私たちの内にあるさまよう回転運動を整えるためなのです。

そして、音声と聴覚についてもまた同じことのために同じことを目的として神々から贈られた、という同じ説明が成り立ちます。というのも、言葉も今述べてきた同じ目的のために定められたもので、そのことに最大の寄与をなしているからです。そして、ム
D
ーサの技[*6]のうち音声[*7]を聞くのに用いられる分野もまた、音楽的調和のために与えられたものです。音楽的調和は、私たちの内にある魂の回転運動と同族の運動をもっており[*8]、

知性に与り、ムーサの女神たちと親交がある人にとっては、昨今ではそのために有益だ
と思われているように、理性を欠いた快楽のために与えられたものではありません。そ
れはむしろ、私たちの内にあって調子外れになってしまった回転運動のために、これを
秩序づけ、自分自身と協和するものへと導く味方として、ムーサたちから与えられたも
のなのです。そして、リズムもまた、大多数の人においては、私たちの内部が韻律のな
E い優美さを欠いた状態にあるために、同じことを目的として、同じ女神たちから援軍と
して与えられたものです。

一七

さて、今まで述べてきたことは、わずかなことを除いて、知性によって製作されたも
のを示してきました。しかし、必然によって生じるものについても、議論によって提示
48A しなければなりません。なぜなら、この宇宙の生成は、必然と知性の結びつきから両者
が混ぜ合わされて生み出されたものだからです[*1]。ただし、知性が必然を説得し、生成す
るものの大部分を最善へと導くことによって、知性が必然を支配しました。このように
して、これらの原則に従って、必然が思慮ある説得に屈服することで、この万有は最初

にこのように構成されました。だから、もしどのように万有がそれらの原則に従って生
じたのかをありのままに語ろうとするなら、さまよう原因の種類をも混ぜて、それが本
来どのように運動を引き起こすのかを語らなければなりません。したがって、次のよう
B にもう一度話を元に戻して、まさにそれらにふさわしい出発点をまた再び取り上げて、
以前の話と同様に、今もそれらについて再びはじめから出直さなければなりません。

　そこで、宇宙が生成する以前の、火、水、空気、土の本性それ自体と、それ以前のそ
れらの状態を見なければなりません。というのも、それらの生成を明らかにした人はい
まだ誰もいないのに、火やその他それらの各々がいったい何であるのかを、まるで人々
が知っているかのように、私たちはそれらを万物の構成要素[*2]だと規定して、始原（アル
C ケー）だなどと言っているからです。しかし、実際は、少しでも思慮のある人なら、そ
れらは音節の類に喩えることさえふさわしくありません。とにかく今は、私たちとして
は、次のようだとしておきましょう。すべてのものの始原、あるいは諸始原、あるいは
他のどんな名前でもかまいませんが、それらについては今は語るべきではない、という
ことです。現在の説明の仕方では、そのようなものを明らかにすることは難しいからで
す。だから、あなたがたも私がそれを語るべきだなどと考えないでください。私自身に
D してもそれほどの仕事を企てるのが正しい取り組みだと自分を説得することはできな

いでしょう。むしろ、はじめに言われたこと、すなわち、もっともらしい言論の本領を[*3]
しっかり守りながら、誰にも劣らず、以前にもまして、[*4]もっともらしい議論を、はじめ
から、各々についても全体についても語るように努めましょう。
それでは今も、話のはじめに、奇妙な普通でない話からもっともらしいことに基づい
E た結論へと私たちが無事にたどりつけますようにと救い手たる神にお祈りした上で、再
び語り始めることにしましょう。

一八

それでは、万有についての今度の出発点は、以前よりも多く区別されたものから始め
ましょう。というのも、あのときは私たちは二つの種類を区別しましたが、今や別の第
三の種類を明らかにしなければならないからです。以前語られたことには二つの種類で
十分だったのです。すなわち、一つは手本の種類として仮定されたもの、知性の対象と
49A なり常に同一であるもの、第二には手本を真似たもの、生成するもの、目に見えるもの
でした。あのときは、二つで十分だろうと考えて、第三のものを区別しませんでした。
ところが、今は議論が厄介で不明瞭な種類のものを言葉によって明るみに出すことに取

りかかるよう強いているように思われます。では、それはどのような特性と本性をもつものと考えるべきでしょうか。それは何より次のようなもの、あらゆる生成の受容器であり乳母のようなものです。

確かにこれで真実が語られたことになりますが、これについてはもっと明確に語らな
B ければなりません。しかし、これが難しいことでして、その理由は他にもありますが、特に、そのためには火やその仲間のものに関して、あらかじめ難問を提起しなければならないからです。すなわち、それらの各々について、どのようなものを火よりもむしろ本当に水と言うべきか、また、どのようなものを全部まとめてでもなく、一つずつでもなく、むしろある一定のものだと言えば何か信頼のおける確実な言葉を使ったことになるのか、それを言うのは難しいからです。では、私たちは、まさにそのことを、どのように、どんな仕方で語ればよいのでしょうか。また、それら（火や水など）について、もっともらしい仕方で何を問題として語ればよいのでしょうか。

第一に、今私たちが水と名づけているものは、私たちがそう思っているところでは、
C 凝り固まれば石や土になり、解《と》けて分散すればその同じものが今度は風や空気になり、空気は燃えれば火になるといったことを私たちは見ています。また逆に、火が凝集して消えると今度は空気の姿に戻っていき、再び空気が集まって濃密になると雲や霧にな

り、それらがさらに圧縮されると流れる水になり、水からまた土や石が生じるというように、こうしてそれらは見かけの上では、ぐるぐると互いに生成を与え合っているのが見られます。

D　このように[*1]、それらはそれぞれが同じものとして現れることは決してないのですから、それらのうちのどんなものなら、それがある一定のものであって他のものではないと断固として主張しても恥ずかしい思いをせずに済むでしょうか。それはできないことで、むしろそれらについては、次のように定めて言うのが、はるかに最も安全なのです。すなわち、私たちがいつも違ったときに違った仕方で生じるのを見ているもの、例えば火については、それを火と呼ぶのではなく、そのつど「そのようであるもの」を火と呼ぶこと。また、それを水と呼ぶのではなく、いつも「そのようであるもの」を水と呼ぶこと。また、それを、あたかも何か確固たる恒常性をもっているかのように、私たちが「これ」とか「それ」という言葉を使って指し示しながら何か一定のものを示して

E　いると思っているもののうちの他のいかなるもの（空気や土）とも決して呼ばないこと。なぜなら、それは、「これ」とか「それ」といった[*2]、それらが永続的なものだと宣告するどんな言い方にも服することなく逃げ去っていくからです。むしろ、それらをそれぞれのもの（火や水など）とは言わず、それぞれのものについても、全部一緒にした

ものについても、いつでも同じようなものとして繰り返し現れる「そのようなもの」
を、そのように（火や水などと）呼ぶことです。ですから、いつでも「そのようである
もの」を火と呼び、生成するすべてのものについてもそうするのです。しかし、それら
の各々がいつもその中に生じては現れ、そして再びそこから消滅していくところの当の
50A もの（生成するものの受容器）、それだけを今度は「それ」や「これ」という名前を使
って呼ぶことです。しかし、他方で、それを何か「そのようなもの」とは呼ばないこ
と。すなわち、熱いとも白いとも、あるいは反対のもののどれかだとも、またそれらか
ら成るいかなるものだとも、それらのうちのいかなるものだとも決して呼ばないことで
す。

しかし、これについては、再びもっと明確に語るよう努力しなければなりません。す
なわち、ある人が黄金からあらゆる形を作りながら、その各々の形をあらゆる形に作り
変えるのを少しもやめないとして、そこで誰かがそれらの形の中の一つを指し示して、
B 「いったいそれは何か」と尋ねるとしましょう。真実という点ではるかに最も安全な答
えは、「黄金である」と言うことです。他方、三角形だとか、その他、黄金の中に生じ
た形については、それら〔指し示されたものが三角形などの形〕であるとは決して言わ
ないことです。それらは、そう定められる間にも変化しているからです。むしろ「その

ようなもの」〔が三角形などの形である〕ということを質問者が何らかの安心感をもって受け入れてくれるなら、それで満足することです。[*3]

まさに同じ議論が、すべての物体を受け入れるものについてもあてはまります。それ
はいつでも同じ名前で呼ばれなければなりません。なぜなら、それは自分自身の特性か
ら決して離れることがないからです。それは、いつでもあらゆるものを受け入れなが
C ら、入ってくるいかなるものに似たいかなる姿も、いかなる仕方でも決してとることが
ないからです。というのも、それは本来、すべてのものにとって刻印が捺される台地と
して横たわり、入ってくるものによって動かされ、形を与えられるもので、入ってくる
もののために、その時々に違った外観を呈するからです。他方、そこに入ってきたり、
そこから出ていったりするものは、常に存在するものの模造であり、存在するものから
何らかのいわく言い難い驚くべき仕方で象《かたど》られたものなのです。このことについては、
またの機会に探求しましょう。

とにかく、今のところは、三つの種類を考えなければなりません。すなわち、生成す
D るものと、生成がその中で行われるものと、生成するものがそれに似せられて生じる元
のものです。さらにまた、受け入れるものを母に、元のものを父に、両者の間に生まれ
たものを子に喩えるのが適切です。さらに加えて、象られたものは見た目にあらゆる多

様な外観を呈さなければならないとすると、象られたものがその中に成立する当のもの
は、自分がどこかから受け入れることになるあらゆる姿を欠いた、形のないものになる
のでなければ、よく準備されたものとはならないということも考えなければなりませ
E ん。なぜなら、もしそれが入ってくるもののどれかと似たものであるとすれば、自分と
反対のものやまったく違うものがやって来たときに、自分自身の外観をも一緒に現すこ
とで、それを受け入れて写し出すことがうまくできなくなるからです。それゆえ、あら
ゆる種類のものを自分の中に受け入れようとするものは、あらゆる姿を欠いたものでな
ければなりません。それはちょうど、よい香りのする香油を作る場合と同じです。その
際にも、最初にまさにそうであることが技術によって工夫されます。すなわち、匂いを
受け入れることになる液体は、できるだけ無臭なものにされるのです。また、何か柔ら
かいものに型押ししようとする人たちも、目につくどんな形もいっさいあることを許さ
ず、素材をあらかじめ平らに均《なら》して、できるだけ滑らかなものに仕上げます。
51A 　だから、同じように、知性の対象であり[*4]常に存在するものすべての複製を自分自身の
隅々にまで何度も上手に受け入れなければならないものも、本来あらゆる姿を欠いたも
のであることがふさわしいのです。それゆえ、目に見えるもの、一般に感覚されるもの
である生成するものの母であり受容器であるものを、私たちは土とも空気とも火とも水

とも、これらから成るものとも、これらがそれらから生じる元のものとも言わないでお
きましょう。むしろ、それは何か目に見えないもの、形のないもの、すべてを受け入れ
B るもの、何かきわめて理解困難な仕方で知性の対象に与《あずか》るものであり、きわめて捉え難
いものだと言えば、間違いにはならないでしょう。しかし、これの本性については、こ
れまで述べたことから到達できるかぎりでは、次のように言うのが最も正しいでしょ
う。すなわち、それの点火された部分が火として現れ、液化された部分が水として現
れ、土と空気についても、それが土や空気の模造を受け入れるかぎりにおいて、土や水
として現れるのだ、と。

しかし、むしろ議論によって次のようなことをはっきりさせることで、それらについ
てもっと考察しなくてはなりません。いったい「それ自身だけである火」のようなもの
が何かあるのでしょうか。また、それらについていつも私たちがそのように「それ自身
C だけでそれぞれのものとしてある」と言っているようなものがあるのでしょうか。ある
いは、私たちがまさに見ているもの、その他、身体を通して感覚しているもの、それら
だけがそのような真理をもっており、それら以外のものはいかなる仕方でも決して存在
せず、それぞれのものには知性の対象である何らかの形相[*5]が存在する、とたびたび私た
ちが主張しているのは無益であって、それは単なる言葉以外の何ものでもなかったので

しょうか。さて、今提起された問題を裁判にかけて判決を下すこともせずに放っておい
て、そのとおりだと断定的に主張するのは正当なことではありませんが、かといって、
D すでに長くなった話に、さらに別の副次的な長話を差し挟むべきでもありません。しか
し、手短に判別できる何か重大な区別があれば、いちばん好都合でしょう。
そこで、私としては次のことに一票を投じます。もし知性と正しい思惑が異なった二
つの種類のものであるなら、[*6]私たちによって感覚されず、知性によってのみ捉えられる
形相が、完全にそれ自体として存在することになります。他方、ある人たちがそう思っ
ているように、真なる思惑が知性と少しも異ならないとすれば、今度は、身体を通して
私たちが感覚するものすべてが最も確固たるものであるとしなければなりません。とこ
E ろが、これら両者は異なる二つのものだと言うべきです。その理由は、両者は生まれも
別で、あり方も似ていないからです。すなわち、一方は教えによって私たちの中に生じ
ますが、他方は説得によって生じます。また、一方は常に真なる説明をともなっていま
すが、他方は説明を欠いています。また、一方は説得によって動かされることがありま
せんが、他方は説得に従います。また、一方はすべての人がそれに与っていると言うべ
きですが、他方、知性に与っているのは、神々と、人間の中でもごく少数の人たちだと
言わなければなりません。

52A 以上のことがそのとおりだとすれば、次のことに同意しなければなりません。すなわ
ち、第一には、同一を保つ形相が存在します。これは生じることも滅びることもなく、
自分の中によそから他のものを受け入れることもなく、自分がどこか他のものの中に入
っていくこともなく、目に見えず、他の仕方で感覚されることもないもので、これを考
察することは知性の働きの役割です。これと同じ名で呼ばれ、これに似ているものが第
二のものです。これは感覚されるもの、生じるもので、常に動いていて、ある場所に生
じては再びそこから滅び去っていくもので、感覚とともに思惑によって捉えられるもの
です。また第三に、常に存在している場[*7]の種類があります。これは消滅を受け入れるこ
B となく、生成するすべてのものに居場所を提供し、感覚によらずに何らかの非嫡出の理
性の働きによって触れられるもので、かろうじて信じられるものです。まさにこれに目
を向けながら、私たちは夢を見て、こんな主張をします。「存在するものはすべて、ど
こかある場所に、何らかの場を占めてあるのでなければならない。地上にも天にも、ど
こにもないようなものは、そもそも何も存在しないのだ」と。

そこで、私たちはこのような夢うつつの状態のために、目覚めていなければ捉えられ
ない真に存在するものについても、今述べたすべてのことや、それらに類する他のこと
C を目覚めた状態で区別して、真実を語ることができなくなるのです。すなわち、その真

実とは、こうです。似像については、それがそれに基づいて生じる当のものが、自分自
身のものではなく、[*8]何か他のものの影像としていつも動いているのだから、それゆえ、
何か他のものの中に生じて、何らかの仕方で存在にしがみついているのであり、さもな
ければ、それはまったく存在しないというのがふさわしいのです。他方、真に存在する
ものには、厳密で真なる言論が助けとなって、あるものと他のものが別々のものである
D かぎり、どちらも一方が他方の中に生じて、同じものが同時に一でもあり二でもあると
いうことは決してありません。

一九

それでは、次のことを私の投票から推論される議論の要点だとしておきましょう。すなわち、存在するものと場と生成が、三者三様に、宇宙が生じる以前にも存在していたのです。

そこで、生成の乳母（場）は、液化され、点火され、また土や空気の形を受け入れ、
またそれらにともなうかぎりの他の状態をも身に受けて、あらゆる見た目を呈していま
E したが、似てもいず均衡もとれていない諸力によって満たされていたために、自分自身

のどの部分においても均衡が保てず、むしろ自分自身がそれらによって、あらゆる方向
に不規則に揺り動かされ、揺すぶられながら、また逆に動かされることでそれらを揺り
動かしました。そして、動かされたものは常に選り分けられて、別々のところに運ばれ
ました。それはちょうど、穀物のぬかやごみを取り除く箕《み》[*1]などの道具によって揺すぶら
53A れ、煽られるとき、実の詰まった重いものはある場所に、空っぽで軽いものは他の場所
に運ばれて落ち着くようなものです。
　そのときにも、四種類のものは、そのように容器によって揺すぶられており、その容
器自体が振動を与える道具のように動くことで、互いに最も似ていないものを最も遠く
に引き離し、最も似ているものをできるだけ同じところに押しやりました。[*2]それゆえ、
万有がこれらのものから秩序づけられて生じる以前にも、それらは別々の場所を占めて
いました。そしてまた、実際、万有が生じる以前には、それらすべては比率もなく尺度
B もない状態だったのです。万有の秩序づけが開始されたとき、最初、火と水と土と空気
は、確かにそれ自身の痕跡のようなものはもっていましたが、まったくのところ、何か
神がいないときには、すべてはそうであるのももっともだといったありさまでした。実
際、その当時には、もともとそのような状態にあったそれらを、神が最初に形と数で形
作ったのです。神がそれらを美しくも善くもない状態から、できるかぎり最も美しく最

も善いものに構成したということ、このことを何よりも私たちが常に主張する原則としておきましょう。

C そこで、今や、これらそれぞれのもの（火、水、土、空気）の構成と成り立ちを馴染みのない議論によって、あなたがたに明らかにすることに取りかからなければなりません。しかし、あなたがたは、これから提示する議論に必要な教養分野の手法を身につけているのですから、きっと話についてきてくれることでしょう。

二〇

第一に、火、土、水、空気が物体であるということは、たぶん誰にとっても明らかでしょう。そしてまた、物体というものはすべて奥行きももっています。さらにまた、奥行きが面というものによって取り囲まれているのはまったくの必然です。また、面のうち直線から成るものは三角形から構成されています。[*1] そして、すべての三角形は二種類
D の三角形から始まり、そのどちらも一つの直角と二つの鋭角をもっています。二種類のうちの一方は両側に等しい二辺によって分けられた直角の半分をもち、もう一方は等しくない二辺によって配分された直角の等しくない部分をもっています。[*2] そこで、私たち

は必然性をともなったもっともらしい議論に従って進みながら、これが火や他の物体の始原（アルケー）だと仮定します。しかし、これらよりさらに遡った諸始原は、神がご存じでしょうし、人間の中でも神に親しい人なら知っているでしょう。

E　では、互いに似ていないけれど、それぞれが解体することによって互いから生じることができる最も美しい四つの物体とはどのようなものなのかを話さなければなりません。なぜなら、それを言い当てることができたなら、土と火と、それらの中間に比をなして介在するもの（水と空気）について、私たちは生成の真実を得ることになるからです。というのも、それらよりも美しい目に見える物体が、それぞれが一つの種類をなしてどこかに存在するなどということを、私たちは誰にも同意しないでしょうから[*3]。ですから、美しさの点で際立つ四つの種類の物体を組み立てて、それらの本性を私たちは十分に把握していると主張できるように努力しなければなりません。

54A　ところで、二種類の三角形のうち、二等辺三角形はただ一種類だけですが、不等辺三角形には無数の種類があります。そこで、適切な仕方で始めようとするなら、私たちはその無限にあるものの中から最も美しいものを選ばなければなりません。だから、もし物体を構成するのにもっと美しいものを選び出して言うことができる人がいれば、その人は敵としてではなく味方として勝利することになるでしょう。いずれにせよ、私たち

B としては、多くの三角形の中から、他のものは無視して、二つ合わせれば正三角形が構成される一つのものを最も美しいものとします。なぜそうなのかを話せば、あまりに長い話になります。しかし、これを論駁して、そうではないと見出す人がいれば[*4]、その人には友情の印として褒賞を授けます。それでは、火やその他のものの身体が工夫して作り出されたときに材料となった二種類の三角形が選び出されたことにしましょう。すなわち、一つは二等辺三角形で、もう一つはいつでも長辺の二乗が短辺の二乗の三倍になる三角形[*5]です。

C さて、以前には不明瞭に語られたことを、今度はもっとはっきり区別しなければなりません。すなわち、四つの種類のものすべてが互いにそれぞれのものへと生成するように見えましたが、そのような見かけは正しくなかったのです[*6]。というのも、四種類のものは私たちが選び出した三角形から生じますが、三種類のものは不等な辺をもつ一種類の三角形から組み立てられているのに対して、第四のもの一つだけは二等辺三角形から組み立てられているからです。したがって、すべてのものが分解することによって、多くの小さなものから少数の大きなものになったり、その反対になったりして、互いにそれぞれのものへと生成することができるわけではなく、そうできるのは三種類のものだけなのです。なぜなら、三種類のものはすべてもともと一種類の三角形からできている

ので、大きいものが分解するときには、その同じものから多くの小さなものが自分にふ
さわしい形を受け入れて構成されるでしょうし、また逆に、多くの小さなものが三角形
D を単位としてばらばらになるときには、一塊になって、数としては一となり、別の大き
な一つの形を完成させることもあるでしょうから。

それでは、相互への生成については、これで語られたことにしておきましょう。次に
語らなければならないのは、それらの各々がどんな形のものとして、どれだけの数のも
のが集まって生じたのか、ということでしょう。それでは、第一の最も小さい構造をも
つ形から始めましょう。それの構成要素となるものは、斜辺が短辺の二倍の長さをもつ
三角形です。そのような三角形の二つずつを斜辺に沿って結合し、これを三度繰り返し
E て、それぞれの斜辺と短辺を同じ点を中心にして寄り集めると、数にして六つある三角
形から一つの正三角形が生じました。[*7] そして、この正三角形を四つ組み合わせると、三
55A つずつの平面角ごとに一つの立体角ができます。この角は隣接した〔三つの〕平面角か
ら成る最大の鈍角から生じたものです。[*8] このような角が四つ完成すると、第一の立体の
形が構成されます。[*9] この立体は、〔自分に外接する〕球全体を等しく相似した諸部分へ
と分割します。

第二の形は同じ三角形から成りますが、正三角形を八つずつ組み合わせたもので、四

つの平面角から一つの立体角を作り上げる場合です。そして、そのような立体角が六つ生じると、そのようにして今度は第二の物体が完成されます。[*10]
B 第三の形は一二〇の構成要素から成りますが、それらが結合して、正三角形の五つの平面角によって取り囲まれた一二の立体角を形成する場合で、底面として二〇の正三角形をもっています。[*11]

そして、構成要素のうち一方の種類は以上のものを生み出してしまうと解放されましたが、もう一方の二等辺三角形は第四のものを生み出しました。すなわち、これらの三角形は、四つずつが直角を中心に集めるようにして組み合わさって、一つの正方形を作り上げました。[*12]
C そして、このような正方形が六つ集まって八つの立体角を作り上げましたが、それは各々平面の直角が三つずつ組み合わさったものでした。こうして構成された物体の形は、六つの正方形の面を底面にもつ立方体となりました。[*13] さらにまだ第五の構造があるのですが、神はこれを万有のために、そこに絵を描くのに用いました。[*14]

二一

ところで、もし人が適切にも以上のことすべてを考慮に入れて、宇宙の数は無限であ

ると言うべきか[*1]、有限であると言うべきかを問題にするとしたら、無限（アペイロイ）
D であるなどというのは当然心得ているべきことを心得ていない（アペイロス）人の考え
だと思われることでしょう。これに対しては、宇宙は実のところ本来ただ一つだと言う
のがふさわしいのか、それとも五つだと言うのがふさわしいのか[*2]、むしろこの点に立ち
止まって問題を追究するほうが至当でしょう。いずれにせよ、私たちの意見としては、
もっともらしい議論に従って、宇宙は本来一つの神であると宣明します。とはいえ、他
の人はおそらく他の点に目を向けて他の意見を抱くでしょうけれども。

　しかし、そんな人のことは放っておいて、私たちは今議論によって生み出された種類
のものを、火と土と水と空気へと分配しましょう。それでは、土には立方体の形を与え
E ることにしましょう。なぜなら、土は四種類のうちで最も動きにくく、物体のうちで最
も可塑性に富んでいますが、そのような性質を最もそなえているのは最も安定した底面
をもつものであることが必然だからです。底面としては、はじめに仮定された三角形の
うちでは、二等辺三角形の底面のほうが不等辺三角形の底面よりも本性上より安定して
おり、また、それぞれの三角形から組み合わされた面としては、正方形のほうが正三角
形よりも、部分的にも全体的にも、より安定した状態にあることが必然だからです。そ
56A れゆえ、土にこの形を割り当てれば、私たちはもっともらしい言論を守ることになりま

すし、また、水には残りのもののうち最も動きにくい形を、火には最も動きやすい形を、空気にはそれらの中間の形を割り当てれば、もっともらしい言論を守ることになるのです。最も小さな立体を火に、また最も大きなものを水に、それらの中間のものを空気に割り当てても同様です。また、最も鋭いものを火に、二番目のものを空気に、三番目のものを水に割り当てても同様です。

したがって、これらすべてをまとめると、最も少数の底面をもつものは、どの点から B もすべての中で最も切れ味がよく、最も鋭いのだから、本来、最も動きやすいのが必然であり、さらにまた、同じ部分でも、最も少数のものから構成されているのだから、最も軽いのも必然です。*3 また、二番目のものが二番目に同じそれらの性質をもち、三番目のものが三番目にそうであるのも必然です。かくして、正しい議論ともっともらしい説明に従って、ピラミッド形になった立体が火の構成要素にして種子であるとしましょう。生成において二番目のものを空気の構成要素と、三番目のものを水の構成要素と言いましょう。*4

C いずれにしても、これらすべては、小ささゆえに、どの種類のものも一つ一つでは私たちの目にまったく見えないほど小さいけれど、数多くのものが集まると、その塊が見えると考えなければなりません。そしてさらに、それらの数量や運動や他の性質に関する比例関係については、あらゆる点で、必然というものが説得され、自ら進んで譲歩したかぎりにおいて、神はそれらをすべてにおいて厳密に完成させた上で、比に従って調和させたと考えなければなりません。

二二

D まさに以上の種類のものについて私たちが語ったすべてのことからして、次のようなことが最もありそうなことでしょう。土は火に出くわして、その鋭さによって分解されると、分解されるのがまさに火の中であろうと、空気の塊の中であろうと、水の塊の中であろうと、土の諸部分がどこかで出くわして、再び自分たち同士が組み合わさって土になるまで移動していくでしょう。というのも、土は〔立方体以外の〕他の形になることは決してないのですから。他方で、水が火によって、あるいは空気によってばらばらにされると、その諸部分が組み合わさることで、火の立体一つと空気の立体二つが生じ

E ることができます。他方、空気の断片は、一つぶんが分解されると、そこから火の立体二つになることができます。また逆に、少量の火が多量の空気や水や、あるいは何らかの土によって取り囲まれるときには、火はそれらの動いているものの中で動かされ、そ

れらと戦って打ち負かされて粉々にされると、火の立体二つが組み合わさって、一つの
空気の形になります。また、空気が制圧されて砕かれると、二個と半分の空気から一つ
の完全な水の形が作り出されるでしょう[*1]。
　さらに、これらのことを再び次のように推論してみましょう。火の中に他のいずれか
57A の種類のものが捕えられ、火の角や稜の鋭さによって切られるとき、それが組み合わさ
って火になるなら、切られるのはそれで終わりです。なぜなら、どの種類のものも、自
分自身と似たもの、同じであるものは内部に何らかの変化を生み出すことはできない
し、自分と同じで似たような状態にあるものからは何らかの作用を受けることもできな
いからです。他方、〔切られたものが〕何か他のものになって、劣勢でありながらも優
勢なものと戦っている間は、分解されることは終わりません。
B 　そしてまた、より小さなものが少数で、多数のより大きなものに取り囲まれ、細かく
砕かれて鎮圧されるとき、それが組み合わさって制圧するものの形になろうとするな
ら、鎮圧されるのは終わり、火からは空気が、空気からは水が生じます。他方、より小
さなものがそれら[*2]（空気や水）へと移りゆき、また他の種類の何かが一緒になって戦う
場合には、完全に圧迫されて分解され尽くし、自分と同種のもののところに逃げていく
か、あるいは打ち負かされて、多くのものから制圧したものと同じ一つのものになっ

て、制圧者の同居者としてとどまるまで、分解されることは終わりません。
C そしてさらに、以上のような作用を受ける際、すべてのものが場所を交代するので
す。というのは、どの種類のものも、大部分は受容器の動きのためにそれぞれが分かれ
て自分本来の場所を占めていたのですが、自分たちとは似ていないものとなり、他のも
のに似たものとなると、そのつど自分がそれと似たものになったものの場所へと振動に
よって運ばれていくからです。[*3]

　さて、混じりけのない最初の物体は、すべて以上のような原因によって生じました。
他方、それらのもののそれぞれの形のうちに異なる種類のものが生じているのは、構成
要素の両方の〔三角形を組み合わせる〕構成の仕方に原因がある、とすべきです。すな
D わち、どちらの構成の仕方も、最初にただ一つの大きさをもった三角形を生み出したの
ではなく、小さいものも大きいものも生み出しました。[*4] その種類は、それぞれの形の中
にある種類と同じ数だけありました。それゆえ、それらは同じもの同士で混ざり合った
り、異なるものと混ざり合ったりすることで、多様さの点で限りないものになっている
のです。実際、自然についてもっともらしい説明を適用しようとする人は、この多様性
を観察しなければなりません。

二三

ところで、運動と静止について、それらがどのような仕方で、どのような条件のもと
E で起こるのかということに同意が得られなければ、今後の推論に多くの支障を来たすでしょう。もっとも、それらのことについては、すでにいくらかのことは語られたのですが、それらにさらに次のことを付け加えましょう。すなわち、均等性の中には運動は決してありえない、ということです。なぜなら、動かされるものが動かすものなしにあること、あるいは動かすものが動かされるものなしにあることは、困難というより不可能ですし、この両者を欠くなら運動は存在せず、この両者が均等であることはおよそ不可
58A 能だからです。したがって、私たちはいつでも静止を均等性の中に、運動を不均等性の中に置くことにしましょう。また、不均等性というものの原因は不等性です。

さて、不等性の成り立ちについては、私たちはすでに詳しく語ってきました。しかし、いったいどうして、それぞれのものが種類ごとに分離してしまい、相互の運動や移動を止めてしまうことにならないのかについては話しませんでした。そこで、私たちは再び次のように言いましょう。万有の周囲は諸種のものを包括すると、それ自体が丸く

て、本来、自分自身へと集結しようとするものなので、すべてのものを締めつけて、いかなる空虚な場所も残ることを許しません。[*1]

B それゆえ、火が最もよくあらゆるものの中に浸透し、空気は細かさの点で二番目だったので二番目に浸透し、他のものも同様でした。なぜなら、最も大きな部分からできているものがその構造の中に最も大きな空隙を残し、最も小さな部分からできているものが最も小さな空隙を残しているからです。それで、圧縮による圧迫が小さいものを大きいものの隙間に押し込めます。したがって、小さいものが大きいものの隣に置かれ、小さいものは大きいものを分解し、大きいものは小さいものを結合させるので、すべてのものは自分自身の場所を目指して上へ下へと移動するのです。

C なぜなら、それぞれのものは、大きさを変えると、場所の中での立ち位置も変えるからです。このようにして、これらの理由から、不均等性の生成が常に維持され、これがいつでも、現在においても未来においても、それらの物体の運動を永続的に引き起こすのです。

二四

さらに、これらの次には、火にも多くの種類があると考えなければなりません。例え

D ば、炎と、炎から出てきて燃やしはしないけれど眼に光をもたらすものと、炎が消えたあとの炭の中にある炎の残りものなどです。空気についても同様で、アイテール[*1]という名で呼ばれる最も清浄なものもあれば、霧や闇という最も濁ったものもあり、その他にも三角形が等しくないために生じた名もない種類のものがあります。

また、水については、まず液状のものと液化可能なもの[*2]の二種類に分かれます。液状のものは、それに含まれる水の立体が小さい種類のもので、しかもそれらが等しくないので、不均等性とその形のありようゆえに、それ自身だけでも動きやすく、他のものに
E よっても動かされやすいものとなりました。他方、液化可能なものは、大きくて均等なものからできていて、均等性によって先のものより安定していて凝集して重いのですが、火が入り込んできてこれを分解すると均等性を手放します。そして、均等性を失うと、より動きやすくなります。そして、動きやすくなると、隣接する空気に押されて、地面の上に広がります。これらの現象のどちらにも名前がつけられていて、塊が崩壊することは「融解する」と、地面の上に広がることは「流れる」と呼ばれます。また逆
59A に、火がそこから追い出されるときには、空虚の中に出ていくことはないのですから、隣接する空気が押され、その空気がまだ動きやすい状態にある液状の塊を火が占めていた場所に押し込めることで、その塊をそれ自身と混ぜ合わせます。そして、それはこの

ように押し込められて、不均等性を作り出していた火が出ていくので、再び均等性を取り戻して、自分にとっての本来の状態に落ち着くのです。そして、火の退却は「冷却」と、火が出ていくことによる凝集は「凝固」と呼ばれました。

B　さて、私たちが液化可能な水と呼んだすべてのもののうち、最も細かく均等なものから最も稠密にできていて、単一の種類で、光沢があり黄色味を帯びたものは、最も貴重な財物である黄金であり、それは岩を通って濾《こ》されて固まったものです。また、黄金の分枝で、その稠密さゆえに最も硬くて、黒味を帯びたものは、アダマース[*3]と呼ばれました。また、黄金と似かよった部分から成るけれども種類が一つより多く、稠密さの点では黄金より稠密で、また、土の細かな部分をわずかに含んでいるので、黄金より硬いけ
C　れども、その内部に大きな隙間があるので黄金より軽いという構造をもって生じたものは銅であり、それは光沢のある凝固した水の一種です。これと混ざり合っている土から成る部分は、両者が古くなって再び互いに分離すると、それだけで目に見えるようになり、緑青と呼ばれます。

そしてまた、これら以外の他のことを、もっともらしい物語の類を追究しながら、さらに数え上げるのは、少しも面倒なことではありません。人が休息のために永遠に存在するものについての議論をお預けにして、生成についてのもっともらしい議論を検討す

D ることで後悔することのない快楽を得るなら、生活の中で節度ある知的な遊びをするこ
とになるでしょう。そのように、今も私たちは手綱を緩めて、このあとも同じ事柄につ
いて引き続き、もっともらしいことを以下のように述べていきましょう。

火と混ざり合った水には、きめ細かくて液状のものがありますが、液状のものと言わ
れるのは、その動きと地面の上を転がる仕方のためです[*4]。それはまた、底面が土の底面
よりも据わりがよくないために柔らかくもあります。このような水が火と空気から分離
E されてそれだけになると、より均等なものになり、また出ていくものによって自分自身
へと圧縮されて凝固します。その際、そのような作用をとりわけ強く受けたものは、そ
れが大地の上方でなら雹《ひょう》と呼ばれ、地表でなら氷と呼ばれます。他方、その作用が弱
く、まだ半分しか凝固していないものは、大地の上方でなら雪と呼ばれ、地表で露から
凝固したものであれば霜《しも》と呼ばれます。

ところで、水の大部分の種類は互いに混ざり合っています。この種類のものは、大地
60A から生える植物を通して濾されたもので、総じて液汁[*5]と呼ばれます。これは混ざり方に
よって、それぞれが異なった性質をもっています。その多くの種類は名前をもっていな
いのですが、火を含んでいる四種類のものは、とりわけ際立っているので、名前を得ま
した。すなわち、身体と一緒に魂を温めるものは酒です。滑らかで、視線を分解させる

作用[*6]があり、それゆえ見た目が光っていて、光沢があり、艶やかに見えるものは油の類です。これにはピッチ、ひまし油、オリーブ油、その他の同様の性質をもったものが含
B まれます。また、口の中の収縮を自然の状態にまで緩める性質をもち、その性質によって甘さをもたらす[*7]ものは、一般的な名称として、蜜と呼ばれます。また、焼くことによって肉を分解する性質をもった泡立つ種類のものは、すべての汁から区別されて、オポス[*8]と名づけられました。

二五

そして、土の種類としては、水を通して濾《こ》されたものは、次のようにして石の類の物体になります。すなわち、一緒に混ざっている水は、混ざる際に砕かれると、空気の姿
C に変化します。そして、空気になると、自分自身の場所に上昇します。ところが、その上には空虚がまったくないので、隣接する空気を押すことになります。しかし、空気は重いので、押されて土の塊のまわりに降り注ぐと、これを激しく圧迫し、新しく生じた空気が上昇していって空いた場所に押し込めます。こうして、土が空気によって押し込められて、水に溶けないほどになると、岩を構成します。その際、等しく均等な部分か

ら成る透明なものはより美しく、その反対のものはより醜くなります。
D また、急速な火の作用によってすべての水分が奪い去られ、先のものより脆《もろ》くなった
ものは、私たちが陶器と名づけている種類のものになりました。しかし、水分が残るこ
とで火によって溶けやすい土になり、それが冷えたときに黒い色をした石[*1]が生じること
もあります。

さらに、これらと同じ仕方で混合物から大量の水が排除されたあとに残されたもの
で、土のもっと細かい部分から成り、塩っぽく、半ば凝固したもので、再び水に溶ける
ような二つのものがあります。その一つ、油や土を洗い落とす性質をもつ種類のものは
E ソーダとなり、他方、口の感覚に関わる組み合わせにおいてよく調和する（よい調味料
となる）ものは、しきたりによれば[*2]、神が愛でる物体である塩となりました。
また、両者（土と水）から成る合成物で、水によっては分解されないけれど火によっ
ては分解されるものは、次のような理由で、そのように凝固しているのです。すなわ
ち、火と空気は土の塊を溶かすことはありません。なぜなら、火と空気はもともと土の
構造の中にある隙間よりも小さな部分（粒子）から成るものなので、無理をしなくても
十分に余裕のある空間を進んでいくので、土を分解しないままにして、溶けないものに
するからです。ところが、水の部分（粒子）は、もともと〔火や空気の粒子より〕大き

61A いため、むりやり通り道を作ることになるので、土を分解して溶かすのです。つまり、土は、強制的に固められていない場合には先のように水によってのみ分解されますが、強制的に固められているときには火以外の何ものによっても分解されることはありません。なぜなら、火以外のいかなるものにも入り口が残されていないからです。そしてまた、水の凝集が最大限の強制による場合には、これを解《と》くのは火だけですが、強制がもっと弱ければ、火と空気の両者がこれを解くことができます。その際、空気は〔水の立体同士の〕隙間に沿って分解しますが、火は三角形にまで分解します。また、空気が強制的に固められているときは、どんなものも構成要素（三角形）にまで分解する以外ないのですが、むりやり固められていない場合には、火だけがこれを解体します。

B さらに、土と水が混ぜ合わされてできている物体は、むりやり圧縮されているものであっても、その土の隙間を水が占領しているかぎりは、外部から入ってくる水の部分（粒子）は、入り口がないので、塊全体のまわりを流れるだけで、それを溶けないままにしておきます。しかし、火の部分（粒子）が水の部分（粒子）の隙間に入り込むと、水が土に対して及ぼすのと同じ作用を火が水に対して[*3]及ぼすことになり、かくして火が、この合成物を溶けて流れるようにさせる唯一の原因となりました。このような合成

C 物には、たまたま水が土より少なくなっているものもあれば、水をより多く含んでいるものもあります。前者にはガラスの類や、石のうち液化可能なものと呼ばれるものすべてが含まれ、後者には蠟の類や、薫香に適した物体として凝固したものすべてが含まれます。

二六

今や、形の違いや組み合わせや相互への転換に起因する多様な種類のものは、これでほとんど示されました。次には、それらのものの感覚的性質[*1]がどのような原因によって生じたのかを明らかにするよう試みなければなりません。

第一に、これから語られることには感覚の存在が常に前提となっていなければなりません。ところが、肉や、肉に関わるものの成り立ちや、魂の死すべき部分の成り立ちについては、私たちはまだ論じていませんでした。[*2]しかし、まさにこれらのことは感覚し
D うる性質に関することを抜きにしては十分に語ることはできませんし、後者を前者抜きに語ることもできません。かといって、両者を同時に語ることもほとんど不可能です。そこで、どちらかを先に前提として、前提とされたことには、またあとで戻ってくるこ

とにします。したがって、物体の種類の次にそれらの感覚的性質を論じるために、身体
と魂に関することは私たちにとってあらかじめあるものとしておきましょう。
　では、最初に、どのようにして火が「熱い」と言われるのかを次のように考察してみ
E ましょう。すなわち、私たちの身体に生じる火の分離と切断の作用に注目するのです。
というのも、火によって受ける感覚が何か鋭いものであることは、私たちのほとんどす
べてが経験していることだからです。稜の尖り具合、角の鋭さ、部分（粒子）の小さ
さ、移動の速さ、これらすべてによって、火は激しくて鋭利なものとなり、いつでも出
62A くわすものを鋭く切るのです。私たちは、火の形の成り立ちを思い出して、他ではなく
この性質こそが私たちの身体を分断し、細かく寸断して、今当たり前に「熱い」と言わ
れている感覚的性質とその名称をもたらしたのだと推論しなければなりません。[*3]
　また、これらと反対のことは明白ではありますが、それでも説明を欠くことがないよ
うにしましょう。すなわち、身体のまわりにある水分のうち、大きな部分（粒子）から
成るものが入り込んでくると、それはより小さいものを押し出すけれど、自分は押し出
されたものがいた場所に入り込むことができないので、私たちの体内の水分を圧縮し、
B 不均等で動いていた水分を、均等にして圧縮することによって、動かないものにして凝
固させます。しかし、自然に反して凝集させられたものは、自然に従って自分で自分を

反対方向に押し返して戦います。かくして、この戦いと振動には「震え」や「悪寒」という名が与えられ、そしてこの感覚全体とこれを引き起こすものは「冷たい」という名を得ました。

　そして、「硬い」とは私たちの肉を屈服させるもののことで、「軟らかい」とは私たちの肉に屈するもののことです。これらは、このように相対的なものです。また、小さな
C 底面の上にあるものは屈します。他方、正方形の底面から成るものは、とても安定しているので、最も抵抗力のあるものです。また、最も稠密に凝集しているものは、最も反発力が強いものです。

　さらに、「重い」と「軽い」は、「上」と「下」と言われるものと一緒に検討するなら、最もはっきりと明らかになるでしょう[*4]。というのも、何か万有を二つに区分する正反対の二つの場所がある、すなわち一方は「下」で、それは何か物体の塊をなすものすべてがそこに運ばれていく場所であり、他方は「上」で、それはそこに向かうすべてのものが強制的に運ばれていく場所であると、そんな二つの場所が本来的に存在すると考
D えるのは決して正しいことではありません。なぜなら、宇宙全体は球形なので、中心から等しく離れていて、端になっているところは、すべてが本来、同じようにまさに端でなければならないし、他方、中心は、どの端からも同じ距離だけ隔たっているので、す

63A

べての端の真向かいにあるとみなさなければならないからです。そこで、宇宙が本来そのようであるとするなら、今言われたもののうちの何を「上」あるいは「下」とすれば、少しも適切でない名前を言っていると正当に思われずに済むでしょうか。というのも、宇宙の中で中心となる場所は、本来「下」とも「上」とも言われるべきではなく、まさに中心にあるわけですし、他方、周囲は、中心でもなければ、そのどの部分をとっても、中心との関係においても、真向かいにあたるどの部分との関係においても、ある部分が他の部分と異なっていることはないからです。

では、本来あらゆる点で同じであるものに、どんな反対の名前を、どのような仕方で適用するなら、正しい言い方をしていると考えられるでしょうか。というのも、万有の中心に何か均衡を保つ固体があるとすれば、万有の端があらゆるところで同じなので、それは端のどこに向かっても動いていくことはないでしょう。むしろ、その固体のまわりを誰かがぐるぐる歩くとすれば、その人は何度も反対側の地点に立って、その同じ場所を「下」と呼んだり「上」と呼んだりするでしょう。つまり、宇宙全体は今言われたように球形なので、ある場所を「下」と言い、他の場所を「上」と言うことは思慮ある人にはできないことなのです。

しかし、どこからそのような名前で呼ばれることになったのか、そして、どこにそれ

B らの名前がつけられて、それゆえに私たちは宇宙全体をも、このように区分して言う習
慣になったのか、これらのことについて私たちは次のように仮定することで同意を得な
ければなりません。仮に誰かが、万有の中で特に火に割り当てられていて、火の大部分
がそこに集まっており、そこに向かって火が動いていく場所で、その火の上に立つとし
ます。そして、そうする能力があるとしてですが、火の一部を切り取って、天秤皿に乗
せるとします。そして、天秤棒を持ち上げて、その火を異質な空気の中にむりやり引っ
C 張っていくとします。すると、小さいもののほうが大きいものよりも強制しやすいこと
は明らかです。なぜなら、一つの力で二つのものを同時に引き上げるときには、小さい
ものはよりよく強制に従い、大きいものは抵抗して少ししか強制に従わないのは必然だ
からです。そして、大きいものは「重い」と呼ばれ、また「下」に運ばれると言われ、
小さいものは「軽い」と呼ばれ、また「上」に運ばれると言われるのも必然です。

　そこで、これと同じことを私たちがこの場所でしているところを見つけ出さなければ
なりません。というのも、私たちは大地の上に立っていて、土の類のものや、ときには
土そのものを分けて、異質な空気の中にむりやり自然に反して引っ張っていくからで
D す。その際、両者とも自分と同族のものにしがみついているのですが、小さいもののほ
うが大きいものよりも容易に強制に従って、先に異質なものの中についていきます。そ

れで、これを私たちは「軽い」と呼び、私たちが強制して向かわせる場所を「上」と呼
び、それとは逆の状態を「重い」と呼び、「下」と呼ぶのです。したがって、これらの
こと〔軽重上下〕は、〔火と土の〕種類の大部分が互いに反対の場所を占めているのだ
から、相互の関係で違ってくるのが必然です。すなわち、ある場所で「軽い」ものと反
E 対の場所で「軽い」ものとでは、また、ある場所で「重い」もの、「下」、「上」と、反
対の場所で「重い」もの、「下」、「上」とでは、すべてが逆になったり、斜めになった
り、互いに対してあらゆる仕方で違ってきたり、現に違っていたりするのが見出される
でしょう。[*5] とにかく、これらすべてについて、次の一つのことだけはよく心得なければ
なりません。すなわち、それぞれのものにとって、同族のものに向かっていくというこ
とが、[*6] その動いていくものを「重い」〔と呼ばれる〕ものにし、そのようなものが動い
ていく先の場所を「下」〔と呼ばれるもの〕にし、他方、これらと異なった状態にある
ものを別の〔名前で呼ばれる〕ものにするのです。それでは、これらの感覚的性質につ
いて、それらの原因は以上で語られたことにしましょう。
　さらにまた、「滑らか」と「粗い」という感覚的性質の原因は、おそらく誰もが知っ
ていて、他の人に説明できることでしょう。すなわち、硬さが不均等性と混ざり合うと
64A 「粗さ」をもたらし、均等性が稠密さと混ざり合うと「滑らかさ」をもたらすのです。

二七

さて、身体全体に関して共通する感覚的性質[*1]に属するもので、残された最も重要なものは、私たちが今述べてきた性質のうちにあって「快い」ことと「苦しい」ことの原因となるものであり、またさらに身体の諸部分を通して感覚を得ている性質[*2]で、自分自身のうちに同時に随伴する「快楽」と「苦痛」をもっているものすべてです。それでは、感覚されるにせよされないにせよ、すべての感覚的性質について、その原因を私たちは
B 次のように把握しましょう。すなわち、先に私たちが区別した動きやすいものと動きにくいもののことを思い出すのです。私たちが捕まえようとするものはすべて、このようにして追跡しなければならないからです。というのも、本性上、動きやすいものは、わずかでも作用を受けると、その部分（粒子）が他の部分に同じ作用を及ぼすことで、その作用を順にぐるりと受け渡し、ついには知力の座に達して、作用を及ぼしたものの性
C 質を伝達するからです。他方、その反対のものは、どっしりと据わりがよいので、ぐるぐる回りをすることなく、作用を受けるのみで、隣接する他のものを動かすことがありません。その結果、それらの部分は他の部分に作用を受け渡すことがないので、最初に

受けた作用はそれらの中で、生き物全体へと動いていくことができなくなり、作用を受けた生き物を無感覚のままにするのです。[*3] これらのことは、骨や髪やその他、私たちの中で大部分が土でできている部分についてあてはまります。他方、前に言われたこと（動きやすいものの場合）は、視覚と聴覚についてとりわけあてはまります。それらの中では火と空気が最も大きな力をもっているからです。

D　そこで、「快楽」と「苦痛」については、次のように考えるべきです。すなわち、私たちが自然に反した強制的な作用をいちどきにこうむるとき、それは「苦しい」ものとなり、他方、逆に自然の状態へといちどきに戻るとき、それは「快い」ものとなります。また、穏やかに少しずつこうむるときには感覚されないけれども、その反対の場合には反対のことになる、ということです。

しかし、容易に生じるものは最高度に感覚されますが、苦痛と快楽をともないません。例えば、視線そのものが受ける作用がそうです。視線が昼になると私たちと一つに結びついた物体になることは前に述べました。[*4] というのも、切ることも焼くことも、視

E　線がこうむる他のどんなことも、視線の中に苦痛を作り出すことはないし、逆に視線が元の姿に戻るときにも快楽を作り出すことはないからです。しかし、視線には、どんなことをこうむろうとも、自分がどんなものにどこでぶつかって接触しようとも、きわめ

て強く、きわめて明確な感覚があります。なぜなら、視線の分解と結合[*5]には、まったく強制がないからです。しかし、もっと大きな部分から成り、作用を与えるものになかなか屈しない身体は、全体に運動を受け渡し、快楽と苦痛をもちます。その際、元の状態から遠ざかるときには苦痛を、再び元の状態に戻るときには快楽を得ます。

65A
また、自分本来の状態から退き、空になっていくのは少しずつであるのに、満たされるのはいちどきで多量であるものはすべて、空になるのは感じないけれど、満たされることは感覚することになり、魂の死すべき部分に苦痛はもたらさないけれど、きわめて大きな快楽をもたらします。このことは芳香の場合に明らかです。他方、元の状態から遠ざかるのはいちどきで、再び自分の元の状態に戻るのは少しずつ、やっとのことであるものはすべて、先の場合とは正反対の結果をもたらします。このことはまた、身体の

B
火傷や切り傷の場合に明らかに起こることです。

二八

今や、身体全体が共通して受ける感覚的印象と、それらを引き起こすものに与えられた名称[*1]については、これでほとんど語られました。他方、私たちの〔身体の〕特定の部

分に起こること、すなわち、その影響[*2]とそれを引き起こすものの側の原因についても、私たちにできるなら、語るよう試みなければなりません。

C　まずは、先に液汁[*3]について話したときに言い残したこと、すなわち舌に固有の感覚的印象についても、できるだけ明らかにしなければなりません。これらのことも、他の多くのことと同様に、何らかの分解と結合[*4]によって起こるように思われますが、それらに加えて、他のこと以上に粗さと滑らかさに関係しているように思えます。というのも、

D　いわば舌の試験器として心臓まで伸びている細い管があるのですが、そのあたりで〔口の〕中に入ってきた土の部分（粒子）が〔舌の〕肉の湿った柔らかい部分に当たって溶かされると、その管を収縮させ、乾かせることになります。その際、〔その土の粒子が〕より粗いときには「ひりひりする」と感じられ、それほど粗くなければ「渋い」と感じられます。

E　また、この管を浄め、舌のあたり全体を洗い流す作用のあるものが、度を越してその作用を及ぼし、舌の組織を溶かすほど浸食するときには、例えばソーダの働きがそうですが、そのような場合はすべて「苦い」と名づけられています。また、ソーダの場合よりもその作用が弱く、適度な洗浄作用をもつものは、粗い苦さ（激しい刺激）をともなわずに「塩辛い」と感じられ、私たちにはむしろ好ましく感じられます。

また、口内の熱と共同して、それによって滑らかなものとなり、一緒に燃え上がって、自分を熱したものを今度は自分が焼き返し、軽さのために上に運ばれて頭の感覚に
66A まで達し、何であれ出会うものすべてを切るものは、こうした働きのために、そのようなものはすべて「刺すように辛い」と呼ばれました。
そしてまた[*5]、腐敗のためにあらかじめ細かくされて、狭い管の中に入り込んでくるものの中で、管の中にある土の部分とも空気の部分とも均整を保っているものは、その結果、それらを動かして、互いを巡ってかき混ぜられるようにします。そして、かき混ぜられたものは互いを取り囲み、一方が他方の中に入り込んで、入り込むものの周囲に中
B 空の膜を張ります。水分が空気のまわりに中空の膜を張ると、それは土を含んでいるときも純粋なものであるときもありますが、空気の湿った器、すなわち中空の丸い水が生じます。その際、純粋な水分から成るものは透明な膜を張り、「泡」の名で呼ばれ、他方、土を含んでいて、一緒に動き膨れる水分から成るものは「泡立ち」とか「発酵」という名で呼ばれます。これらの状態の原因となるものは「酸味」と呼ばれています。
C 他方、以上のものについて述べられたすべてのことと反対の感覚的印象は、反対の原因から生じます。すなわち、入ってくるものが液体になるときの構造が、もともと舌の状態に適していて、粗いところは塗り込めて滑らかにし、自然に反して収縮しているも

のや弛んでいるものに対しては、後者を引き締め、前者を解きほぐして、すべてをできるだけ自然に則した状態に落ち着かせるときには、このようなものはすべて、誰にとっても快くて好ましく、強制された状態に対する癒しとなるものなので、「甘い」と名づけられました。

二九

D　これらのことは以上のとおりです。しかし、鼻孔の機能については、そこには種別というものがありません。というのも、匂いはすべて中途半端なもので、〔物体の〕どの種類のものも、何らかの匂いをもつためにちょうどいい大きさをしていないからです。むしろ、それらに関わる私たちの管は、土と水の種類のものには狭すぎ、火と空気の種類のものには広すぎるようにできているので、そのため、それらのいかなるものの匂いも、いまだかつて誰も感覚したことがありません。しかし、何かが濡れたり、腐ったり、溶けたり、燻《いぶ》されたりするときには、匂いが生じます。なぜなら、水が空気に、E　また空気が水に変化するとき、匂いはそれらの中間段階で生じたもので、匂いとはすべて煙か霧であるからです。その際、空気から水に移行しつつあるものが霧で、水から空気

に移行しつつあるものが煙です。それゆえ、匂いはすべて、水よりは細かく、空気より
は粗いものとなっています。このことは、何かで呼吸を遮《さえぎ》っておいて、むりやり息を吸
い込むときに明らかになります。その場合には、いかなる匂いも息と一緒にくぐり抜け
てくることはなく、匂いを奪われた息だけがやって来るからです。

67A　したがって、匂いの多様さは二種類に分けられますが、それらは多くの種類から成る
のでも、単一の種類から成るのでもないので、それらには特に名前がありません。それ
でも、「快いもの」と「不快なもの」の二つに分けて呼ばれています。そこでは、これ
ら二つの点だけが顕著だからです。「不快なもの」は私たちの頭頂から臍の間にある空
洞全体を粗くし、むりやり作用を及ぼすのに対して、「快いもの」はその同じ場所を和
らげ、好ましいことに再び本来の状態に戻します。

　さらに、私たちのうちで第三の感覚に関わる部分、すなわち聴覚に関することを考察
B して、どんな原因によってそこに感覚的印象が生じるのかを語らなければなりません。
そこで、私たちは以下のように規定しておきましょう。一般に「音」とは「耳を通じて
魂にまで伝達される、脳と血液に対する空気による打撃」である、と。また、「頭に始
まって肝臓の座のあたりで終わる、その打撃による運動」が「聴覚」である、と。ま
た、その運動が速いほど、それだけ音は高く、運動が遅いほど、それだけ音は低い、

と。また、運動が均等であれば音も均等で滑らかであり、その反対であれば粗いものに
C なる、と。また、運動が大きければ音も大きくなり、反対であれば小さい、と。しかし、音の協和については、のちに語ることになっている話の中で述べなければなりません[*1]。

三〇

D さて、感覚に関わる第四の種類のものが、まだ私たちに残されています。それは、それ自身のうちに多種多様な多くのものを含んでいるので分類する必要がありますが、総称としては、私たちが「色」と呼んでいるものです。すなわち、それぞれの物体から流れ出していて、感覚するために、その部分（粒子）が視線とちょうどよい大きさになっている炎のことです。しかし、視線については、まさにその成立の原因に関することなら、以前すでに述べました[*1]。だから、色については、以下のように述べるのが、いちばんもっともらしいことで、ふさわしい議論にかなったことでしょう。

すなわち、他のものから運ばれてきて、視線にぶつかる〔物体の〕部分（粒子）には、視線自体の部分（粒子）に比べて、より小さいものもあれば、より大きいものもあ

E り、また等しいものもあります。そこで、等しいものは感覚されることがなく、まさにそれを私たちは「透明」と呼んでいます。他方、より大きいものとより小さいものは、前者は視線を結合させ、後者は視線を分解します。[*2] これらは、肉の場合の熱いものと冷たいものや、舌の場合の「ひりひりする」ものと「刺すように辛い」と私たちが呼んだ熱する作用があるもの[*3]と兄弟関係にあります。すなわち、「白い」ものと「黒い」もののことです。つまり、あれらのもの（熱いもの、冷たいもの、ひりひりするもの、辛いものなど）の感覚的性質と同じことが他の種類のものにおいて起こったので、その同じ原因によって異なったものに見えるのです。したがって、これらを次のように名づけなければなりません。すなわち、視線を分解する作用があるものを「白い」と呼び、反対のものを「黒い」と呼ぶのです。

68A また、別の火の種類のもっと素早い運動が視線にぶつかって、視線を分解しながら眼にまで到達し、そして眼の通路自体をむりやり押し広げて融かすときには、そこから私たちが「涙」と呼ぶ火と水が一塊となったものを流れ出させます。他方、それ自体が火であるこの運動は、反対から来る〔視線の〕火と出会うと、後者の火は雷光のように飛び出し、前者の火は〔眼の〕中に入っていって、湿り気のところで消えることになります。その際、この混乱の中で、あらゆる色が生じます。この状態を私たちは「まばゆい」と呼び、この状態を作り出すものを「輝き」とか「光沢」と名づけました。[*4]

B さらに、これら（白と輝き）の中間にある火の一種は、眼の水分に到達してそれと混ざりますが、光りません。しかし、この水分の混じった火の光は湿り気を通すと血の色を帯び、それを私たちは「赤」という名で呼んでいます。

そして、輝きが赤と白と混ざると「黄色」[*5]が生じます。しかし、どれだけのものがどれだけのものと混ざればよいのかという比率は、仮に誰か知っている人がいるとしても、それを語るのは賢明なことではありません。それらについては、どんな必然性も、もっともらしい説明も、控えめに言うことさえも、できないことでしょうから。

C また、赤が黒と白に混ざると「紫色」[*6]になり、この混合物がもっと焼かれて黒が混ざると「暗紫色」になります。また、「橙色」[*7]は黄色と灰色の混合から生じ、「灰色」は白と黒の混合から生じ、「淡黄色」[*8]は白が黄色と混ざるときに生じます。また、白が輝きと一緒になって濃い黒の中に落ち込むと「紺色」ができあがり、紺色が白と混ざると「青灰色」が、橙色が黒と混ざると「緑色」[*9]ができあがります。

D ところで、その他の色についても、どんな混合になぞらえれば、もっともらしい物語を無事に守りきれるかは、以上のことからほとんど明らかです。しかし、もし誰かこれらの考察を実際に試してみようとする人がいるとすれば、それはその人が人間と神の本性の違いに無知だからでしょう。神なら多くのものを一つに混ぜ合わせたり、また逆に一つのものを多くのものに分解したりすることに十分精通していると同時に、そうすることもできますが、他方、人間は誰一人としてそのどちらも、現在もできなければ、将来においても決してできないからです。

E こうして、当時、必然からもともとそのような状態であった以上述べてきたすべてのものを、生成するものの中に最も美しく最も善きものを作り出す製作者（宇宙を作った神）は、自足した最も完全な神（この宇宙）を生み出したときに受け取ったのでした。その際、それらのものに関わる原因を補助的に奉仕するものとして用いましたが、彼自身はすべての生成するものの中に「善さ」を作り出しました。それゆえ、原因の二つの種類を区別しなければなりません。[*10] すなわち、必然的なものと神的なものです。そし

69A て、神的なものは、私たちの本性に可能なかぎり幸福な生を獲得するために、あらゆるものの中にこれを探求しなければなりません。他方、必然的なものは、それらなしでは、私たちがまさにそのために真剣に努力しているものを、それだけでは知ることも、捉えることも、その他どんな仕方でもそれに与《あずか》ることもできないと考えて、神的なもののために探求しなければなりません。

三一

さて、大工の手許に材木が置かれているように、今や私たちの手許にも原因の種類が選りすぐられて置かれています。残りの話は、それらから織りなされなければなりません。ここで再び私たちは少しの間だけ話の出発点に戻って、そこからここまでたどりついた、その同じ地点に急いで赴き、そうしてすぐにも前に語られたことに調和した結末と仕上げをこの物語に付け加えるように試みましょう。[*1]

B　すなわち、はじめにも語られたように、[*2]それらのものは無秩序な状態にありましたが、神は、それらが比例と均整をそなえたものになることができるかぎり、最大限、あらゆる仕方で、各々のものの中に、自分に対しても互いに対しても均整を作り出したのでした。[*3]というのも、それらは当時、偶然そうなった場合を除いて、比例や均整に与《あずか》ったこともなければ、火や水やその他、何であれ、現在名づけられている名前で呼ばれるに値するようなものでは何一つなかったからです。しかし、神は、まずこれらすべてを

C　秩序づけ、次にそれらからこの万有を、すなわち死すべきものも、不死なるものも、すべての生き物を自分自身の中に含みもつ一つの生き物を構成したのです。そして、神的

なものについては、神自身が製作者となりましたが、死すべきものの誕生については、
自分が生み出した者たちに製作を命じました。そこで、彼ら（生み出された神々）は神
に倣って、魂の不死なる始原を受け取ると、次には、そのまわりに死すべき身体（頭）
を丸く作り、それに乗り物として身体全体を与えました。[*4]そして、その身体の中に魂の
別の種類、死すべきものを付け加えて作ろうとしました。この魂は、自分自身の中に恐
D ろしい必然的な情念[*5]をもつものでした。すなわち、まずは悪への最大の誘惑である「快
楽」、次には善を回避させる「苦痛」、さらにまた無思慮な助言者である「向こう見ず」
と「恐怖」、また宥め難い「怒り」、道を誤らせる「希望」などです。彼らは、これらを
理性を欠いた感覚と何にでも手を出す欲情に混ぜ合わせて、魂の死すべき種類を構成し
ましたが、それは必要に迫られてのことでした。
　そして、神々は、どうしてもやむをえない場合は別として、これらによって神的なも
E のが穢されるのを恐れ、死すべきものを神的なものから離して、身体の別の住まいに住
まわせました。その際、この隔離のために、頭と胸の間に首を置くことで、両者の境と
なる隘路を建設しました。そうして、胸、すなわち、いわゆる胸郭の中に、魂の死すべ
き種類を縛りつけようとしたのです。
　さらに、この魂のうちにも本来優れたものと劣ったものがある[*6]ので、ちょうど女の住

70A まいと男の住まいを区別するように、胸郭の空洞にも両者の中間に横隔膜を置くことで隔壁を建設しました。さて、魂のうち、勇気と気概[*7]に与り、負けず嫌いなものは、頭に近い、横隔膜と首の中間に住まわせました。それは、欲望に与る魂の種類がアクロポリス（頭）からの命令や言葉に少しも進んで従おうとしないときには、この魂が理性の言うことをよく聞いて、理性に協力して、もう一方の魂を力ずくで抑えるためでした。

B また、血管の結び目となり、身体のすべての部分に激しく巡りわたっている血液の源泉である心臓は、警備兵の詰所に配置しました。それは、外部から、あるいは内部の欲望からでも、何らかの不正行為が身体の部分で発生しているという理性の報告に気概の部分が沸き立つとき、身体の中で感覚能力をもったもののどれもが、迅速に、すべての狭い道（血管）を通して命令や脅迫を知覚し、全面的に聞き従って、そしてこのように
C して最も優れたもの（理性）がすべてのものの中で指導権をもつようにさせるためでした。

ところで、恐ろしいことを予期したり、怒りが目覚めたりするときの心臓の動悸に対しては、神々は、激情のこのような昂《たかぶ》りはすべて火によって生じることになるのをあらかじめ知っていましたから、そのための救援策を工夫して、肺というものを植えつけました。これは、まずは柔らかくて血の気のないもので、次に海面のように内部に多くの

息吹が今度は前と反対の幻影を描き出すときには、この息吹は自分自身と反対の性質を
動かすことも触れることもしようとしないことで苦さを和らげ、他方、肝臓に生まれつ
D きそなわっている甘さをこれのために用いて、そのすべての部分を正常で滑らかで自由
な状態へと正すことで、肝臓のあたりに住んでいる魂の部分を穏やかで幸福なものにし
ます。そして、夜には夢の中で予言の能力を行使しながら、節度ある時を過ごすように
させます。何しろ、魂のこの部分は理性と思慮に与《あずか》ることがないのですから。というの
も、私たちを構成した神々は、父なる神が死すべき種族をできるかぎり最善なものにす
るように命じたときの、あの命令を覚えていたので、私たちの劣悪な部分をも立て直そ
E うとして、そんな部分でも何とかして真実に触れるようにと、その中に予言の力をもつ
ものを置いたからです。

ところで、神が予言の能力を無思慮な状態の人間に与えたということには、十分な証
拠があります。というのは、人間は正気の状態では誰も霊感に満ちた真実の予言には触
れることができないからです。それができるのは、眠っているときや、病気のせいで思
慮が拘束されているときか、あるいは何らかの神がかりによって常軌を逸しているとき
です。むしろ、正気の人のすべきことは、予言や神がかりによって夢かうつつかで言わ
72A れたことを思い出して熟考すること、また幻影として見られたものすべてについても、

どんな仕方で、誰に対して、未来や過去や現在の何か善いことや悪いことを知らせてい
るのかを理性の働きによって判断することなのです。他方、狂気に陥って、まだそこに
とどまっている人のすべき仕事は、見えたことや自分が声に出して言ったことを判断す
ることではありません。むしろ「己のことをなし、己を知ることは、健全な精神をもつ
者にのみふさわしいこと」と昔から言われているのは正しいのです。そこから、霊感に
B 満ちた予言には、判定する者として解釈者の種族を設けることが慣習になっています。
こうした人たちのことを「予言者」と呼ぶ人たちもいますが、そういう人たちは、彼ら
はお告げや幻の謎を解説する人であって、予言者ではなく、予言する人たちの解釈者と
名づけるのが最も正しいということを、まったく知らないのです。

だから、肝臓というものが本来このようなもので、私たちが言ったような場所にある
のは、これらのことゆえ、つまり予言のためです。そして、個々の動物がまだ生きてい
るときには、このようなものは比較的明瞭な徴《しるし》を見せますが、生命を失うと盲目になっ
C て、その予言は、何かはっきりしたことを告げ知らせるには、あまりに漠然としたもの
になってしまいます[*2]。

今度は、肝臓の隣にある内臓の構造と居場所ですが、これは肝臓の左に、肝臓のため
に生じました。すなわち、肝臓をいつでもぴかぴかに、きれいにしておくためのもの

で、ちょうど鏡のそばにいつでも使えるように準備して置いてある布巾のようなものです。だから、身体の病気のせいで肝臓のところに何かの汚れが生じるときにも、この脾臓は中空で血の気のないものに織られているので、その目の粗さによって汚れをすべて拭き取って肝臓をきれいにするのです。このことから、脾臓は拭き取られた汚れでいっぱいになると膿んで大きくなりますが、身体が浄化されると、また再び小さくなって、元の大きさまでしぼみます。 D

三三

さて、魂に関すること、そのどれほどのものが死すべきもので、どれほどのものが神的なものなのか、そして、それらがどこに、何と一緒に、どんな理由で離れて住まわされているのかということについて、その真実が語られたとは、神が承認したときにのみ、私たちは断言できるでしょう。しかし、少なくとも私たちによってもっともなことが語られたということは、今でも危険を冒してでもあえて主張すべきですし、また、さらに考察を加えた上なら、なおさらそうです。そして、そのことはすでに主張されたものとしておきましょう。

E
そこで、次に続くことも、これらと同じやり方で追究しなければなりません。すなわち、身体の残りの部分はどのようにして生じたのか、ということです。そこで、それは以下のような推論に基づいて構成されたとすれば、何にもまして適切でしょう。すなわち、私たちの種族を構成した神々は、私たちの中に飲み物や食べ物に対する不節制が生じることを知っていましたし、食い意地のために適度で必要な量よりもはるかに多くのものを食い尽くすことも知っていました。だから、死すべき種族が病気のせいで急速に

73A
衰弱し、未完のまま、すぐに死ぬことがないようにと、神々はこれらのことを予見して、余剰として残ることになる飲み物や食べ物を入れる容器として下腹部と呼ばれるものを作り、そこに腸というものをぐるぐる巻いたのです。それは、食べ物が速く通過してしまうことで、すぐにまた別の食べ物を要求するように身体に強いることになり、飽くなき食欲が生じて、食い意地のために、私たちのうちにあるものの中で最も神的なもの（理性）の言うことを聞かないことで、人間の種族全体を知を愛することに無縁で無教養なものにしてしまうことがないようにするためでした。

B
そして、骨や肉や、そのような性質のものすべてについては、以下のとおりでした。これらすべての始まりは、髄の生成でした。というのも、魂が身体に縛りつけられているときには、生命の絆がこの髄の中に縛りつけられているので、死すべき種族はここに

根を張っているからです。しかし、髄自体は別のものからできています。すなわち、神
は、三角形の中から、歪みがなく、滑らかで、火、水、空気、土を最も正確に生み出す
C ことができたものを、同じ種類のものの中からそれぞれを区別して選び出し、それらを
混ぜ合わせて相互に均整がとれたものにし、死すべき種族すべてのために全種子混合体[*1]
を案出して、それらから髄を作り上げました。そして次には、その中に魂の諸種類を植
えて結びつけ、そして最初にそれを分配するとき、魂がそれぞれの種類ごとにもつこと
になっていた形は数と性質が決まっていたので、さっそく髄そのものをそれに応じた数
と性質の形に切り分けようとしました。そして、畑のように、神的な種子を自分の中に
D 受け入れることになるものを至るところ丸く形作って、髄のこの部分を脳と名づけまし
た。それは、個々の生き物が完成したときには、この部分を入れる容器が頭となるから
でした。[*2]また、魂の残りの死すべき部分を抑制することになる髄の部分は、円いと同時
に長さをもった形（円筒形）に切り分け、[*3]そのすべてを髄と名づけて、錨から綱が延び
ているように、それらから魂全体をつなぎとめる絆を投げると、すぐにもそのまわりに
私たちの身体全体を作り上げようとしましたが、まずはそれ（脳と髄）全体のまわりに
E 骨の覆いを固めて作りました。

さて、骨は以下のようにして構成しました。純粋で滑らかな土を篩《ふる》い分けて捏《こ》ね、髄

に浸して、次にそれを火の中に置いて、そのあと水の中に沈め、再び火の中に、それか
らもう一度水の中にと、こうして何度もそれぞれに移し替えることで、そのどちらによ
っても溶けないものに仕上げました。そこで、これを用いて生き物の脳のまわりに骨の
74A 球を巡らせましたが、それに狭い出口を残しておきました。そして、首の髄と同時に背
中の髄のまわりにも同じ材料で脊椎を形作り、これを旋回軸のように頭から始めて胴体
全体を貫いて下に伸ばしました。そして、このようにして種子全体を安全に守るため
に、石のような囲いでこれをしっかりと取り巻いたのです。その際、動いたり曲げたり
できるように、それらの中に仲立ちとして「異」の機能を用いることで、関節を作りま
した。
B さらにまた、神は、骨というものの性状が必要以上に脆《もろ》くて撓《たわ》め難いこと、また、熱
せられてから再び冷やされると、すぐに壊疽《えそ》を起こして自分の中にある種子をだめにし
てしまうことを考慮して、そのために次のような工夫をして腱と肉の種類を作りまし
た。すなわち、腱ですべての四肢を結びつけて、それが張りつめたり緩んだりすること
で身体が旋回軸を巡って（関節を支点として）曲がったり伸びたりできるようにしまし
た。他方、肉は、炎熱を遮《さえぎ》り、寒さを防ぐものとなり、さらに転んだときにはフェルト
C 製品のように身体［への衝撃］に対して柔らかに穏やかにへこむものとなり、また自分

の中に温かい水分を含んでいるので、夏には汗を出して外側を湿らせることで身体全体
に生来の冷たさをもたらし、冬には逆にこの火[*4]によって外から攻め寄せてきて包囲する
冷気を程よく撃退するようにしました。

私たちを作った蠟細工師は、このようなことを考えて、水と土と火を混ぜて調和させ
D たものに酸っぱいものと塩辛いものから合成した発酵物を混ぜて、汁気のある柔らかい
肉を構成しました。また、腱というものは、骨と発酵していない肉を混合して、この両
者の中間的な特性をそなえた一つのものとして混ぜ合わせて作り、黄色に染めました。
だから、腱は肉よりも弾力があって強靭で、骨よりも柔らかくしなやかな特性を獲得し
たのです。神は、これら（肉と腱）で骨と髄を包んでいきました。その際、腱で骨を互
E いに結びつけ、そのあと肉でそれらすべてを上から覆いました。

そこで、神は、骨の中でも最も魂を多く含んだものは最も少ない肉で取り囲み、他
方、最もわずかしか魂を内に含んでいないものは最も多く最も稠密な肉で取り囲みまし
た。さらに、骨と骨の接合部では、そこに肉がなくてはならない何らかの必然性を理性
が明らかに示すのでないかぎりは、わずかな肉しか生じさせませんでした。それは、肉
が屈曲を妨げて身体が動かしにくくなることで、身体を動きの鈍いものにしてしまうこ
とや、また、多量の稠密な肉が互いにひどく圧迫し合うことで、その堅さのために内部

のものを無感覚にし、思考に関わる部分を、より物覚えが悪く愚鈍なものにしてしまうことがないようにするためでした。

75A だからこそ、大腿、下腿、腰のあたり、上腕、前腕の骨、その他、私たちの身体のうち関節のない部分、また内部の髄の中に魂がわずかしかないために思慮の働きがない骨、これらすべてには、たくさんの肉がついているのです。それに対して、思慮の働きをもつ部分には、より少しの肉しかついていません。ただし、例えば舌の類のように、肉自体をそれだけで感覚のために構成した場合は別ですが、大部分は以上のとおりで

B す。というのも、必然から生じ、それとともに養われる自然は、稠密な骨と多量の肉と同時に鋭敏な感覚が共存することを決して受け入れないからです。

というのも、もし仮にこの両者が折り合いをつける気になってくれたとすれば、何よりも第一に頭の構造がそれをそなえていたことでしょう。そうして、人間の種族は、肉厚で腱の多い頑丈な頭を自身の上にもち、今よりも二倍も何倍も長くて、もっと健康で、もっと苦痛のない人生を獲得していたことでしょう。しかし、実際には、私たちの

C 誕生に関わった製作者たちは、長生きするけれどより劣った種族と、短命だけれどより優れた種族と、どちらを作り上げるべきかをよく考量したとき、長くてもより悪い人生より、短くてもより善い人生を誰もが何としてでも選ぶべきだということで意見が一致

したのでした。だから、頭を薄い骨で覆っただけで、また頭は曲げることもないので肉と腱で覆うことをしなかったのです。それで、これらすべての理由から、どの人間の身体に付け加えられた頭も、より感覚が鋭敏で、より思慮深いけれども、ずっと弱いものになったのです。

D　また、腱についても、これらの理由と同様に、神はこれを頭の端まで首のまわりにぐるりと巻いて、均等に貼りつけました。そして、顎骨の先端を腱で顔の下に結びつけました。また、他の腱は、すべての四肢に分配し、関節と関節をつなぎました。

ところで、私たちの口は、秩序づける神々が、歯と舌と唇で、必要不可欠なものと最
E　善のものの両方のために、現在、整えられてあるように秩序づけました。すなわち、必要なもののためには入り口となり、最善のもののためには出口となるように工夫しました。というのも、身体に栄養を与えに入ってくるものはすべて必要なものであり、他方、外に流れ出て、思慮の働きに奉仕する言葉の流れはあらゆる流れの中で最も美しく最も善いものだからです。

さらにまた、季節には寒暖の両極端があるからには、頭を骨がむき出しのままにしておくことはできませんでしたが、かといって、多量の肉にすっかり覆われることで鈍く
76A　て無感覚なものになるのを見過ごすこともできませんでした。そこで、肉の組織が乾き

きらないうちに大きな外皮が余分に生じて分離しました。これが現在、皮膚と呼ばれているものです。それは脳のところにある湿り気のために自分たち同士で集まって成長し、頭をぐるりと取り囲みました。湿り気は縫合の下まで上がってきて水分を与え、頭頂のところで引き寄せて結び目を作るようにして皮膚を閉じました。また、縫合には、〔魂の〕回転運動と養分の働きのために、あらゆる種類のものが生じました。その際、
B これらが互いに争えば争うほど縫合[*5]の数は多くなり、あまり争わないときには少なくなりました。

そこで、この皮膚全体を、神的なもの（脳）がまわりじゅう至るところ火で刺し貫きました。こうして孔が穿たれると、湿り気がそこを通って外に運ばれるとき、混じりけのない温かい水分は出ていきますが、皮膚の材料になったものと同じ混合物は、その運動によって引き上げられ、穿たれた孔と同じ細さで外に長く伸びていきましたが、動き
C が遅いために外を取り巻く空気によって押し返され、再び皮膚の下に押し戻されて根を下ろすことになりました。そして、これらの出来事によって、毛髪の類が皮膚に生じたのです。つまり、毛髪は皮膚と同族のものが繊維状になったものですが、各々が皮膚から離れ出るときに冷やされて圧縮されたので、その冷却による圧縮のために、皮膚より硬く稠密になったのです。

これによって、作り主は私たちの頭を毛深いものに仕上げました。その際、今述べた
ような原因を用いたのですが、彼が意図したのは次のことでした。この毛髪が肉の代わ
D りに脳の安全を守るための覆いとなるように、それも軽くて、夏には陰となり、冬には
防護を提供するのに十分なもので、しかも感覚の鋭さを妨げる障害には少しもならない
ものである必要があると考えたのです。

また、指の腱と皮膚と骨が絡み合っているところでは、これら三つのものから成る混
合物は、すっかり乾燥すると、これらすべてが一緒になった硬い皮膚になりました。そ
れは補助原因という点では以上のことによって製作されましたが、最高の原因である意
図としては、のちに生まれるもののために作られました[*6]。というのも、私たちを構成し
E た神々は、いつか男から女やその他の獣が生まれるのを知っており、さらにまた、それ
らの動物の多くは多くの目的のために爪を使う必要があるのを知っていたので、そこか
ら、人間が生まれるとすぐ爪が生じるように仕組んでおいたのです。かくして、以上の
ような理由と目的によって、皮膚と毛髪と、また手足の先端に爪が生じたのです。

三四

77A さて、死すべき生き物の部分と四肢すべてが一体となって生じると、生命を火と空気の中で保つことがその生き物にとって必然の結果となり、そしてそのために生き物は火と空気によって溶かされ空にされて消耗していったので、神々は生き物のために救済策を工夫しました。すなわち、人間の本性と同族の本性を異なる姿形と感覚に混ぜ合わせて、別の生き物となるように植えつけたのです。これらが今、農業によって育成され、私たちに馴れるようになった、栽培された樹木や植物や種子です。もっとも、以前は野
B 生の種類のものしかなく、それらのほうが栽培種よりも古いのですが。というのも、生命に与《あずか》るものは、何であれすべて、きわめて正当に生き物と呼ばれて当然だからです。とはいえ、今話しているものは、魂の第三の種類、横隔膜と臍の間に位置していると言われたもの[*1]に与っているだけですが。この魂は、思惑や推論や知性にはまったく与ることなく、欲望をともなった快楽と苦痛の感覚に与るものです。というのは、この生き物はすべての作用を受けるばかりで、他方、外からやって来る運動を押し返し、自分本来
C の運動を用いて、自分で自分自身の内で自分自身のまわりを回転することで、自分に属

することの何かを見て取って考察する能力は、本来その成り立ちからして与えられなかったからです。だから、このものは確かに生きていて、生き物にほかならないのですが、自分自身による動きを欠いているために、じっとして根を下ろし、定着しているのです。

三五

D

そこで、力にまさる神々は、力弱き私たちのために、これらすべての種族を食糧として植えつけると、私たちの身体自体に、庭に水路を切り開くように溝を取りつけました。いわば、やって来る流れによって身体を灌漑するためです。そこでまず、皮膚と肉が一緒になったところの下に、暗渠として、脊柱に沿った二本の血管を切り開きました。それは、身体がたまたま右側と左側の一対のものになっているためです。そして、これらの血管を背骨に沿って、生命を生み出す髄を間に挟むようにして下に降ろしました。それは、この髄ができるだけ旺盛であるようにするためであり、また、下に向かって注ぐことになるので、そこから他の部分へ流れやすくなり、給水が満遍なく行われるようにするためでした。

E そのあとで、神々は頭のところでこれらの血管を裂いて編み合わせ、身体の右から来
たものは左へ、左から来たものは右へ傾かせて、互いに反対方向に行くようにしまし
た。それは、頭はそのてっぺんのところでは腱によってぐるりと囲まれていなかったの
で、それらの血管が皮膚とともに頭と身体を結びつける絆になるためであると同時に、
とりわけ左右どちらの部分からやって来る感覚の影響も身体全体に対して明らかなもの
になるためでもありました。

それからすぐに神々は次のような仕方で給水の準備を整えましたが、その仕方は、次
78A の点についてあらかじめ同意しておくなら、容易に見て取ることができるでしょう。小
さい部分から構成されたものはすべて、より大きい部分を遮断しますが、大きな部分か
ら構成されたものは、より小さな部分を遮断することはできません。また、すべての種
類の中で火は最も小さな部分（粒子）から成るもので、それゆえ火は水も土も空気も、
それらから構成されるどんなものも通り抜けることができ、何ものも火を遮断すること
ができません。そこで、これと同じことを私たちの体腔についても考えなければならな
B いのです。つまり、食べ物や飲み物がそこに落ち込むときには腹腔はそれらを遮断しま
すが、腹腔を構成する部分より小さいものから成る空気や火は遮断することができませ
ん。

それで、神は腹腔から血管へ給水するのに、これら空気と火を利用しました。すなわ
ち、空気と火を材料として編み合わせ、筌《うけ》[*1]のような編み細工を作ったのです。それは入
り口のところが二つの漏斗状になっていて、その一方を神は再び二股に編みました[*2]。そ
して、それらの漏斗状の口から編み細工の端に向かって、綱のようなものを全体にわた
C ってぐるりと張り巡らせました。さて、この編み細工の内側はすべて火から構成し、漏
斗と胴は空気から作りました。そして、これをとって、作られた生き物に次のように取
りつけました。漏斗状の口の部分を口の中に送り込みましたが、それは二つになってい
たので、その一方は気管に沿って肺に降ろし、他方は気管と並行して腹腔に降ろしまし
た。その一方（前者）を裂いて、そのどちらもがともに鼻の通路を通って外に出ていく
ようにしました。こうして、もう一方が口を通っていかないときには、その流れもすべ
D て、それ（鼻を通るほう）から補充されるようにしたのです[*3]。

また、筌の胴のほうは、空洞になった私たちの身体のまわりに取りつけました。そし
て、その胴全体が、ときには漏斗のほうへ穏やかに合流し、ときには漏斗が胴のほうに
逆流するようにしました。何しろ、それらは空気でできているのですから。また、身体
は目が粗いので、その編み細工が身体を通って中に入ったり、逆に外に出たりするよう
にし、編み細工の内側に巻きつけられた火の光線が、空気が動くときには、どちらの側

E にもついていくようにしました。そして、死すべき生き物が構造を維持しているかぎ
り、これがやむことがないようにしました。さて、吸気と呼気（呼吸）という呼び名を
つけた人は、この種のことに対してその名をつけたのだと私たちは言います[*4]。

それで、これらすべての働きをなしたり作用を受けたりすることで、私たちの身体は
灌漑され冷やされて、養われ生きることになりました。すなわち、息が中に入ったり外
に出たりすると、それと結びついた内部の火がそれについていき、こうして常に腹腔を
79A 通って行ったり来たりする火が、腹腔に入ったとき、食べ物や飲み物を捉える場合に
は、火はそれらを溶かし、細かく分解して、出口を通って自分が進むほうへ導き、ちょ
うど泉から水路に水を汲み出すように、それらを血管に汲み出して、血管を流れるもの
が、あたかも水路に水がいきわたるかのように身体じゅうにわたって流れるようにしま
した。

三六

では、呼吸という現象について、それがどんな原因を用いて現に今あるようなものに
B なったのかを、もう一度見てみましょう。それは次のとおりです。運動するものの何か

がその中に入っていくことができるような空虚というものはまったく存在せず、また息
は私たちのところから外へと運動するのですから、その結果、息は空虚の中に入ってい
くのではなく、隣接するものをその居場所から押し出すことは、もはや誰にとっても明
らかでしょう。しかし、押されるものはいつでも隣接するものを追い出し、そしてこの
必然に従って、すべてがぐるぐると追い回され、息が出ていったその場所に入り込ん
で、その居場所を再び埋め、息のすぐあとに続くことになります。そして、このこと
C は、空虚がまったく存在しないがゆえに、ちょうど回転する車輪のように、すべてが同
時に行われることになるのです。だから、胸部と肺は息を外に吐くときには、身体のま
わりの空気がぐるぐる追い回され、目の粗い肉を通って内部に入ってくることによって
再び満たされます。そしてまた、空気が向きを変えて、身体を通って外に出ていくとき
には、息を口と鼻孔の通路を通して内部にぐるりと押し込めるのです。

D これらのことの出発点となる原因は次のようなことだとすべきです。生き物はすべて
自分の内部の血液や血管のまわりがいちばん熱いのですが、それはいわば自分自身の中
にある火の泉のようなものです。また、これは私たちが筌《うけ》の編み細工に喩えていたもの
でもあります。それは、内側に張り巡らされた部分はすべて火から編まれていますが、
その他の外側の部分は空気で編まれているのでした。さて、熱いものは本性上、自分自

身の場所に、自分と同族のものに向かって外に出ていくことに同意しなければなりませ
ん。[*1] そこには二つの出口がありました。一つは身体を通って外に向かうもの、もう一つ
E は口と鼻孔を通るものでした。そこで、その一方の出口に突進するときには、他方の出
口にあるものをぐるりと押すことになります。すると、押された空気は火の中に落ち込
むので熱せられ、他方、出ていく空気は冷やされます。ところが、熱が変化して、一方
の出口を通って〔体内に入って〕来た空気がより熱くなると、熱くなった空気は、自分
自身と同じ本性のもののほうに動くことで、再びあの〔自分が入ってきた出口の〕ほう
に向かうことになり、もう一方の出口を通る空気をぐるりと押します。すると、その押
された空気がまた同じ作用を受け、常に同じことをやり返すことで、このようにして両
者によってこちらへあちらへと揺れ動く円環を作り出し、吸気と呼気をもたらすので
す。

三七

80A さらにまた、医療用の吸角に起こる現象も、飲み下しに関することも、また空中に投
げ出されたものも、地上を運動するものも、あらゆる投射体に関することも、それらの

原因は以上のような仕方で[*1]追究するべきです。また、高音と低音として現れる速い音と
遅い音のすべてについても、ときにはそれらの運動が私たちの中に不均等性を生み出す
ので不調和になり、またときには均等性を生み出すので協和音になることの原因も同様
です。すなわち、〔後者の場合には〕より遅い音が先行するより速い音の運動に追いつ
B くときには、速い音の運動は停止しつつあり、すでに遅い音自体が、のちに付け加わっ
てそれらを動かす運動と同様のものになっています。それゆえ、遅い音は追いついて
も、別の運動を付け加えて乱すことにはならず、むしろ、より遅い運動のはじめを、よ
り速いけれど停止しつつある運動に、同質のものとして結びつけ、高音と低音を混ぜて
一つの感覚的印象を作り出しました[*2]。そこから、無思慮な者たちには快楽を、思慮ある
者たちには喜びをもたらしました。何しろ、神的な調和の模倣が死すべき運動の中に生
じたのですから。

C そしてまた、あらゆる水の流れや、さらには雷が落ちることや、琥珀やヘラクレスの
石（磁石）が物を引きつける不思議な現象についても、これらすべてのうちのいかなる
ものにも決して引きつける力は存在しません。むしろ、空虚がまったく存在しないこ
と、それらのものが自分自身をお互いにぐるりと押すこと、各々のものが分解されたり
結合されたりして、すべてが入れ代わりながら自分自身の居場所に向かっていくこと、

これらの現象がお互いに絡み合うことで不思議なことが起こるのであり、それらは適切に探究する人には明らかになるでしょう。

三八

D さらにまた、そこから議論が始まった呼吸も、先に述べたように、以上のような仕方で、以上のようなことによって生じました。すなわち、火は一方では食べ物を切り、他方では内部で息につき従って揺れ動きながら、その揺れ動きによって切られた食べ物をそこから汲み出すことで腹腔から血管を満たします。そして、これらのことゆえに、すべての動物にこのように身体全体にいきわたる栄養の流れが生じました。さて、新たに切られたものは、あるものは果実から、あるものは野菜からというように――果実や野
E 菜は、神がまさにこのこと、栄養となることを目的にして、私たちのために植えたのでした[*1]――、同族のものから切り離されたものです。だから、切られたものは混ざり合うことであらゆる色を呈していましたが、その表面の大部分には赤が広がっていました。つまり、赤とは、火が液体を切り、そこに自分の姿を押印することで作り出された色です。[*2] そこから、身体じゅうを流れるものの色は、私たちが述べたような外観を呈してい

81A るのです。これを私たちは血液と呼んでいます。これは肉と身体全体の飼料であり、そこから身体各部は給水されて、空になったものの底を満たすのです。

　ところで、満たすことと退くことの仕方は、万有の中ですべてのものの運動が生じた場合と同様に生じます。すなわち、すべてのものが自分自身と同族のものに向かって動くという運動です。つまり、外部で私たちを取り巻いているものは、常に私たちを溶かしては、それぞれの種類に同種のものを送り出して分配しますが、他方、血液の中のものは、これもまた私たちの内部で砕かれ、あたかも天によって取り囲まれているかのよ
B うに、構成された個々の生き物によって取り囲まれているので、どうしても万有の運動を真似ることを強いられます。だから、内部で分解された各々のものは、同族のもののほうに動いていって、その際、再び空になったところを補充するのです。

　実際、流れ込んでくるものより多くのものが出ていくときにはどんなものも減少しますが、出ていくもののほうが少ないときには増大します。それで、生き物全体の組織が若くて、諸種のものを構成する三角形も、まるで造船台から出てきたばかりのように新しいときには、三角形はお互いの強い結びつきをもっていますが、組織の塊全体は、何
C しろたった今、髄から生まれたばかりで、乳で養われていたのですから、柔らかくできています。そこで、この組織の中に、食べ物や飲み物を構成している三角形が外部から

入ってきて取り込まれると、それらは組織自身の三角形よりも古くて弱いので、その組
織はそれらを自分の新しい三角形で切って征服し、〔征服された〕多くの同類の三角形
で生き物を養い、大きくします。ところが、長時間にわたって多くのものに対して多く
D の戦いを戦ったがゆえに、三角形の根が弛んでいるときには、その三角形は入ってきた
栄養の三角形を切って自分自身と同類のものにすることがもはやできず、むしろ自分自
身が外部から入ってきた三角形によって簡単に分解されてしまいます。こうして、どん
な生き物も、ここに至っては打ち負かされて衰弱します。この状態が、老年と呼ばれて
いるのです。

そして、ついには髄のまわりの三角形のしっかり結びつけられていた絆が苦労によっ
て、もはやもちこたえられなくなって千切れると、今度は魂の絆を解き放ち、魂は自然
E に従って解放されて、快楽とともに飛び去っていきます。なぜなら、自然に反したもの
はすべて苦痛をもたらすものですが、自然本来の仕方で起こることは快いからです。だ
から、死も同様で、病気や怪我によって起こるものは苦痛をもたらし強制的ですが、老
いとともに自然に従って最期に向かうものは死の中でも最も苦痛がないもので、むしろ
苦痛よりも快楽をともなうものなのです。

三九

82A ところで、病気というものがどこから生じるのかということは、おそらく誰にとっても明らかでしょう。というのも、身体を合成しているものには土、火、水、空気の四種類があるので、これらが自然に反して過剰になったり、不足したり、本来の場所からよそに移動したり、また火もその他のものも一つより多くの種類があるので、身体の各部が自分に適していないものを取り込んだりすると、このようなことすべては内乱や病気をもたらします。なぜなら、各々のものが自然本性に反して生じたり、移動したりすると、以前は冷やされていたものが熱せられたり、乾いていたものがのちに湿ったり、また軽いものと重いものも〔同様に反対のものとなって〕、あらゆるものがあらゆる仕方で変化を受けるからです。というのも、同じものが、同じものに、同一を保ちながら、同じ仕方で、同じ割合で付け加わったり減じたりするときにだけ、ものは自分自身にとって同じものであり、無事に健康を保つことができる、というのが私たちの主張だから B です。それに対して、出ていったり入ってきたりするとき、これらから外れて何か調子を乱すものは、あらゆる種類の変化や数限りない病気と破滅をもたらすでしょう。

C さらにまた、自然に従って形成された第二の構成物*1があるのですから、病気について
理解しようとする人には、第二の考察が必要になります。すなわち、髄や骨や肉や腱
は、あれらのもの（土、火、水、空気）から合成されたもので、さらに血液も、他の仕
方ではあるけれども、*2それら同じものから生じたものですから、病気の大部分は先に
述べたような仕方で起こりますが、病気の中でも最も重いものは次のような仕方で起こ
る手に負えないものです。すなわち、それら第二の構成物の生成の過程が逆方向に進む
ときには、それらは壊滅してしまうのです。
　というのも、自然に従えば、血液から肉と腱が生じるからです。つまり、腱は繊維と
D 同族なので繊維からできていて、肉は繊維から分離されて固まった血液の固まりからで
きています。そして、腱と肉から今度は粘着力のある油っぽいものが出てきて、肉を骨
に接着すると同時に、自分も髄のまわりの骨を養い、成長させます。そしてさらに、骨
の稠密な組織を通して漉《こ》された三角形の最も純粋で滑らかで艶のある種類が、骨から滲
み出て滴《したた》り落ち、髄に水分を与えます。そして、これらの順序で各々が生じるときに
E は、多くの場合、結果として健康が生じるのです。しかし、順序が逆になると、病気が
生じます。
　というのも、肉が溶かされて、逆に血管の中へ溶けたものを送り出すときには、血管

の中には、息とともに多量の血液が、しかも色においても苦さにおいても、さらに酸っぱさや塩辛さにおいてもさまざまな、あらゆる種類の血液が生じて、それがあらゆる種類の胆汁や漿液や粘液を含んでいるからです。すなわち、これらすべては失脚して再び返り咲いた腐敗したものたちで、まず血液そのものを破壊します。そして、これらはも
83A はやいかなる栄養も身体にもたらすことなく、血管を通ってあらゆるところに移動し、自然に従った循環の順序をもはやもたずに、一方では自分たちに何の利益ももたらさないので自分が自分にとって憎むべきものとなり、他方では身体を構成して持ち場にとどまるものには敵となって、それを破壊し、溶かすのです。

　したがって、肉のうち非常に古いものが溶かされると、それは消化されにくいものな
B ので長時間の燃焼によって黒くなり、また至るところ腐っているので苦く、身体のうちまだ破壊されていないすべての部分に激しい攻撃を仕掛けます。ときには、苦いものがもっと細かくされて、黒い色が苦くなる代わりに酸っぱくなることもあります。またときには、苦さ[*3]が血液に浸されて、より赤い色になることもあれば、また、それに黒が混ざって胆汁色になることもあります。さらに、若い肉が炎症の火によって溶かされると
C きには、黄色が苦さに混ざります[*4]。そして、これらすべてに共通する名称である胆汁という名前をつけたのは、たぶん医者の誰かか、あるいは多くの似ていないものに注目し

ながら、それらすべての中に名づけるに値する一つの類があるのを見ることができた誰かでしょう。また、その他、胆汁の種類と言われるものはすべて、色に応じて、それらの各々が固有の定義を得たのでした。

D　また、漿液については、血液の上澄みの漿液は穏やかですが、黒くて酸っぱい胆汁の漿液は熱のために塩辛い性質と混ざるときには荒々しくなります。このようなものは、酸っぱい粘液と呼ばれています。また、若くて柔らかい肉から溶け出したもので、空気をともなっているものがあり、これは空気で膨らみ、水分によって包み込まれているので、このような状態から泡が形成されます。それは一つ一つは小さいので目に見えませんが、全部が一緒になると目に見える塊となって、泡が生じているために見た目には白い色をしています。このような柔らかい肉が溶けたもので空気と絡み合っているものすべてを、私たちは白い粘液と呼んでいます。さらに、新しく形成された粘液の上澄みとして、汗や涙や、その他そのような日々排泄されて注ぎ出される物体があります。そし

E　て、実際、これらすべては、血液が自然に従って食べ物や飲み物から満たされるのではなく、自然の法に反して、その反対（肉などの組織）から嵩《かさ》を増すような場合には、病気の道具となります。

それで、病気によって各々の肉が分解されても、それらの根底がしっかりしているな

ら、災難はまだ半分しか力をふるっていません。それはまだ容易に回復できるからで
84A す。しかし、肉を骨に結びつけているものが病んで、今度はそれら（肉と骨）と同時に[*5]
腱からも分離してしまい、もはや骨にとっては栄養となり、肉にとっては骨への絆とな
ることなく、むしろ油っぽく滑らかで粘り気があるものから、不養生のために干からび
て粗くて塩辛いものになる場合には、そのようなものはすべてこれらのことをこうむっ
B て、それ自身、骨から離れて、逆に肉と腱の下へと崩壊します。他方、肉は根から一緒
に離れ落ちて、あとには腱がむき出しのまま、塩水でいっぱいになって残されることに
なります。また、肉自身は、逆に血液の流れに落ち込んで、先に語られた病気をより重
くします。

確かに、身体に関するこれらの病状は厄介なものですが、これより先に進んだもの
は、より重症になります。それは次のような場合です。肉が稠密なために骨が十分な呼
吸ができず、黴《かび》が生えたために熱くなり、壊疽《えそ》になって、栄養を受け取らなくなり、か
C えって自分のほうが逆に栄養の中へとすり減って入っていき、また栄養は肉の中に、肉
は血液の中に落ち込んで、すべての病気を先に述べたものよりひどいものにします。

けれども、すべての病気の中で究極的なものは髄が何かの不足か過剰によって病気に
なる場合で、身体のすべてが必然的に逆に流れるので、病気の中で最も重く、最も致命

的なものを作り出します。

四〇

D　さらにまた、病気の第三の種類は三つの仕方で起こると考えなければなりません。[*1] すなわち、息によるもの、粘液によるもの、胆汁によるものです。というのも、身体に息を分配する肺が流れによって塞がれて、きれいな通路を提供できなくなる場合には、息が入らないところと適量以上の息が入り込むところができ、換気できなくなったところは、これを腐らせ、他方では息が血管をむりやり押し通って、これを捻じ曲げ、身体を溶かしながら身体の中央の横隔膜のところにやって来て、閉じ込められます。これらのことから、しばしば多量の汗をともなう、苦痛をもたらす無数の病気が作り出されます。

E　また、しばしば、身体の中で肉が分解して内部に息が生じて外に出ていくことができず、外から入ってきた息と同じ苦痛をもたらすことがあります。中でも最大の苦痛をもたらすのは、息が腱とそこの脈管のまわりを取り囲んで膨れ上がり、背中の腱[*2]とこれにつながっている腱を、これら（腱とそこの脈管）でもって、このようにして後ろに引っ張る場合です。実際、これらの病気は、緊張の状態そのものから、強直とか反弓緊張と呼ばれています[*3]。そして、これらの治療は困難です。というのも、このような症状を最
85A もよく解消するのは、これらに併発する熱だからです。

そして、白い粘液は、身体の外に排出できるときには、体内に閉じ込められると泡に含まれる息のために厄介なものになりますが、身体の外に排出できるときにはより穏やかになります。それでも、白皮病や白斑病[*4]やこれらに類した病気を生み出して、身体を斑にします。また、白い粘液は、黒胆汁と混ざって、最も神的である頭の中の回転運動の上に撒き散らされ、これをかき
B 乱すときには、睡眠中にやって来るなら比較的穏やかですが、覚醒時に襲うなら、もっと取り払いにくいものとなります。これは、神聖なもの（脳）が罹る病気ですから、神聖病[*5]と呼ばれるのが最も正しいものです。

また、酸っぱくて塩辛い粘液は、カタル性のもの[*6]として起こるあらゆる病気の源泉です。それが流れていく先の場所がさまざまなので、病気もさまざまな名前を得ることになりました。

他方、身体の内で焼かれたり燃やされたりすることから、炎症を起こしていると言われるものは、すべて胆汁によって起こったものです。だから、胆汁が外へのはけ口を見
C つけると沸き立ってさまざまな腫瘍を吹き出しますが、内部に閉じ込められると多くの

炎症性の病気を作り出します。特に、純粋な血液と混ざって繊維の類をそれ自身の秩序
から引き離す場合には、最も重い病気を作り出します。そもそも、繊維が血液の中に撒
き散らされたのは、血液が細かさと粗さの点で釣り合いがとれた状態を保つためでし
た。つまり、熱によって液状になって身体の目の粗い組織から流れ出たりしないように
D し、また逆に密集しすぎて動きにくくなって血管の中を行き来しづらくならないように
するためでした。実際、繊維は、その自然の成り立ちによって、それらのちょうどよい
加減を保っているのです。死んで冷たくなった血液であっても、誰かが繊維を〔血液の
中から抜き出して〕互いに集めるときには残りの血液はすべて流れていますが、そのま
まにしておけば血液を取り囲む冷たさと一緒に繊維はすぐに血液を固めます。
　そこで、繊維は血液の中でこのような働きをしているのですから、胆汁が――それは
本来、古い血液として生じ、肉から血液の中に再び溶け出たものですが――熱い液状の
E ものとして、はじめは少しずつ血液の中に入ってくると、繊維の働きによって固められ
ます。そして、固められてむりやり熱を冷まされると、内部に寒気と震えをもたらしま
す。しかし、胆汁がもっとたくさん流れ込んでくると、自分の熱によって繊維を打ち負
かし、無秩序に至るまで沸き立ち、揺さぶります。そして、胆汁が最後まで打ち負かす
のに十分な場合には、髄の類のところまで貫いていって、これを焼き、そこで船の艫綱《ともづな》

86A のように魂をつなぎとめている綱を解《ほど》いて、魂を自由に解き放ちます。他方、胆汁がもっと少なくて、身体が溶かされることに抵抗する場合には、胆汁自身が打ち負かされて全身の至るところから追い出されるか、あるいは血管を通って体腔の上部か下部の中に押し込められたあとで、内乱のあった国家から追放されるように身体から追い出され、下痢や血性下痢[*7]やそれに類するあらゆる病気をもたらします。

さて、身体は、特に火の過剰から病気になると持続する発熱や熱病を作り出し、他方、空気の過剰からは毎日熱を作り出します。また、水の過剰からは三日熱を作り出します。水は空気や火より緩慢だからです。また、土の過剰からは、土はこれらの中で最も緩慢で四番目のものなので、浄化するのに四倍の期間がかかる四日熱を作り出し、これはなかなか取り除けません[*8]。

四一

B 身体に関する病気は以上のようにして生じることになりますが、他方、魂に関する病気[*1]は身体の状態を通じて以下のようにして生じることになります。

確かに、魂の病気とは愚かさ（知性の欠如）であり、愚かさには二種類あって、一つ

は狂気であり、もう一つは無知であることに同意しなければなりません。[*2] だから、それ
をこうむることで、これらのいずれかをもつことになるような状態はすべて、病気と呼
ばなければなりません。また、度を越えた快楽と苦痛は、魂にとって病気の中でも最大
のものとしなければなりません。なぜなら、人間は喜びすぎたり、あるいは苦痛によっ
C てそれと反対のことをこうむったりするときには、快楽を手に入れ苦痛を避けることに
時宜を弁《わきま》えず躍起になり、何一つ正しいことを見ることも聞くこともできなくなって狂
乱してしまい、そんなときには少しも理性の働きに与《あずか》ることができないからです。

　また、種子が髄のところに多量に生じて流れるようになり、あたかも適量以上に実を
つけた木のようになっている人は、欲望とその所産の中で、そのつど多くの苦しみと多
くの快楽を得て、人生の大部分を最大の快楽と苦痛のために狂気のうちに過ごすことに
D なります。このような人は、身体によって魂が病気になって無思慮になっているのに、
病気だとは思われず、むしろ自ら進んで悪くなっていると思われています。しかし、真
実には、性的快楽に関する節度のなさは、多くの場合、一種類のもの（髄）の状態のた
めに、すなわち骨の組織の目が粗いことから〔髄が〕身体の中に流れ出して湿らせるた
めに、魂の病気として生じたのです。そして、実際、快楽に対して自制心がないこと
や、自ら進んで悪くなっているかのように、悪い人々に対して非難として言われること

E は、ほとんどすべて不当に非難されているのです。なぜなら、誰も自ら進んで悪くなるのではなく、身体の何らかの有害な状態と、無教育で育てられたために悪い人は悪くなるのであって、これらはすべての人にとって厭わしいもので、意に反して身に降りかかるものだからです。

そしてまた、苦痛に関しても、魂は同じようにして身体によって多くの悪を得ることになります。すなわち、酸っぱい粘液や、塩辛い粘液や、苦くて胆汁質の体液が、身体
87A じゅうをさまよったあと、外へのはけ口が得られずに内部に閉じ込められ、自分たちから発する蒸気を魂の運行に混ぜることで自分たちもこれに混ざる場合には、それらは重症、軽症、短期、長期、あらゆる種類の魂の病気を作り出します。そして、魂の三つの場所*3に向かっていくと、それらの各々が襲いかかる場所に応じて、あらゆる種類の不機嫌や意気消沈、向こう見ずや臆病、さらには、もの忘れやもの覚えの悪さなど、さまざまなものを生み出します。

B また、これらに加えて、人体の構造がこのように悪くできている上に、国政が悪く、国家において有害な言説が公私ともに語られ、さらにこれらを癒す学問が若いうちから少しも学ばれない場合には、私たち悪しき者が誰でもこのように悪くなるのは、最も意に反した二つのこと（人体の構造と育成環境）のせいです。だから、これらのことで責

めを負うべきは、いつでも生み出された者たちより生み出す者たちであり、養育される者たちより養育する者たちのほうなのです。とはいえ、人はできるかぎり、養育や日常の生活習慣や学問を通して、悪を避け、その反対を手に入れるように努めなければなりません。けれども、これらのことは実際、また別の話です。

四二

C　今度は、以上のことと表裏一体のこと、つまり身体と精神を健全に保つことの原因となる、それらの世話について再び先の話に対応する説明を与えるのが当然で適切なことです。というのも、悪いものについてよりも、むしろ善いものについて語るほうが正しいことですからね。

実際、善いものはすべて美しく、美しいものは均整を欠いたものではありません。だから、生き物も、このようなものであろうとするなら、均整のとれたものでなければなりません。ところが、均整のうちでも、些細なものなら私たちはこれを識別し推論して

D　いますが、最も主要で最も重要なものについてはまるで理解していないのです。というのは、健康と病気、徳と悪徳に関しては、身体そのものに対して魂そのものがもつ均整

と不均整より重要なものは一つもないのに、私たちはそれらについて何一つ考察せず、次のことに気づきもしないからです。すなわち、魂は強くて、あらゆる点で偉大なのに、それを乗せる体格が弱すぎて小さすぎる場合、また逆にそれとは反対の結びつき方をしている場合には、その生き物全体は、最も重要な均整の点で均整がとれていないのだから、美しくないということ、他方、それと反対の状態にあるものは、それを見て取ることができる人にとっては、あらゆる見物のうちで最も美しく最も愛すべきものであるということに、私たちは気づいていないのです。

E だから、例えば脚が長すぎたり、あるいは他の何かが大きすぎたりして、それ自体で均整を欠いているような身体は、醜いだけでなく、労働に携わるときには、多くの疲労や多くの痙攣や、ぎこちなさのために転倒をもたらし、自分にとって無数の害悪の原因となります。そこで、これと同じことを、私たちが生き物と呼ぶ二つのもの（魂と身体）を一つにしたものについても考えなければなりません。すなわち、その内部で魂が
88A 身体よりまさっている場合、魂が激怒するときには、魂は身体全体を揺すぶって、内部から病気で満たします。また、何かの学習や研究に熱中するときには、魂は身体を消耗し、そしてまた公的にも私的にも教えたり論争したりするときには、争いと競争心のために魂は身体を灼熱させて揺すぶり、そして流れを引き起こして、医者と呼ばれる人た

ちの大部分を欺き、反対のもの（魂でなく身体）が原因だと思わせます。
　また逆に、大きくて魂には過分な身体が卑小で弱い精神と一緒に結びつく場合には、
B 本来、人間には二つの欲望、すなわち身体に起因する栄養への欲望と私たちの中で最も
神的な部分に起因する思慮への欲望があるので、よりまさるものの運動（身体に起因す
る欲望）が支配的となり、一方では自分のほうを増大させ、他方では魂のほうを鈍く
て、もの覚えが悪く、忘れっぽいものにすることで、最大の病気である無知を内部に作
り出すのです。
　そこで、この両方の場合に対する一つの救済法があります。すなわち、双方が自分を
守り、釣り合いがとれた状態になって、健康になるためには、身体をともなわずに魂を
動かしてはならず、魂をともなわずに身体を動かしてもならない、ということです。だ
C から、数学者や、精神の点で何か他の激しい訓練に従事する人は、体育にも親しんで、
身体にも相応の運動を与えてやらなければなりませんし、また逆に身体づくりを心がけ
ている人は、ムーサの技[*1]や哲学全般にも携わって、魂に相応の運動を与えてやらなけれ
ばなりません。もし人が正当に美しいと同時に善い人[*2]と本当に呼ばれたいと思うのな
ら。
　そして、同じこれらのことに従って、万有の姿を真似ながら身体の諸部分をも世話し

D なければなりません。というのも、身体は入ってくるものによって内部を焼かれたり冷やされたりし、そしてまた外部のものによって乾かされたり湿らされたりし、またこれらに付随するものを両者の運動によって受けたりもするのですから、人がじっとしていて身体をそれらの運動に委ねる場合には、身体は打ち負かされて滅ぼされることになるからです。けれども、もし人が先に私たちが万有の養い手とか乳母と呼んだもの[*3]を真似て、身体をできるだけじっとしたままにしておかずに動かし、ある種の振動を常に身体E の中に作り出して、いつでも内部や外部の運動から自然にかなった仕方で身を守り、そうして同族関係に従ってさまよっている身体の性質や諸部分を適度に揺すぶって、万有について私たちが語った以前の話のとおりに互いに整然と秩序づけるのなら、その場合は敵の隣に敵が置かれて身体に戦争や病気を生み出すことを許さず、むしろ友の隣に友が置かれて健康が作り出されるようにさせるでしょう。

89A ところで、また運動の中では自分自身の中で自分自身によって動かされる運動が最も優れたものであり――なぜなら、それが思考や万有の運動と最もよく同族的だからですが――、他方で他のものによって動かされる運動は、それより劣ったものです。そして、最も劣った運動とは、身体が横になってじっとしているときに他のものによって部分的に自分が動かされるような運動です。ですから、身体を浄化し引き締める方法の中

では、体操によるものが最も優れています。二番目に優れているのは、船旅や、どのよ
うな仕方であれ、疲れさせない乗り物で行く場合の揺れることによる運動です。そし
B て、運動の第三の種類は、非常に必要に迫られている人にとっては有用なときもありま
すが、そうでないかぎり分別のある人は決して受け入れるべきではありません。つま
り、それは薬を使って浄化する治療のことです。なぜなら、大きな危険がないかぎり、
病気を薬の使用によってかき立てるべきではないからです。

　というのも、病気が生じる仕組みはすべて、ある意味で生き物の成り立ちに似ている
からです。実際、集合体である生き物の身体は、種族全体としても定められた生涯の時
間をもって生まれ、個々の生き物に関しても、やむをえない災難を別にすれば、それぞ
C れの運命づけられた生涯をもって生まれてきます。なぜなら、個々の生き物を構成する
三角形は、まさに最初から、ある一定の時までは十分に機能することができる能力をも
つように構成されていますが、その限界に達したときには、もはや生きることができな
いようになっているからです。だから、これと同じことが病気が生じる仕組みにもあて
はまります。すなわち、人が時間の運命に反して、薬を用いることでこれを滅ぼす場合
には、同時に小さな病気から大きな病気が生じたり、数少ない病気から多くの病気が生
じたりしがちなのです。ですから、このようなものはすべて、時間に余裕があるかぎり
D は養生によって教え導くべきであって、薬を用いて厄介な災いをかき立てるべきではあ

りません。

四三

そして、共同体としての生き物と、その身体に関わる部分について、人がどのようにして教え導き、また自分自身によって教え導かれれば最もよく理にかなった生き方ができるかということについては、以上で語られたことにしましょう。しかし、その教え導くことになるもの自体（魂）を教え導くために、できるだけ美しく優れたものとなるように準備することのほうが、おそらくいっそう大いに、またより先にするべきことでしょう。だから、これらについて詳細に論じることは、それ自体だけでも十分な大仕事になるでしょう。しかし、ついでの仕事として、先に論じられたことに従って、次のように考察して話に結論をつけるとしても、不適切ではないでしょう。

E

私たちはしばしば、魂の三つの種類が三者三様の仕方で私たちの中に住んでいて、その各々が運動をもっていると述べてきましたが、それとちょうど同じ仕方で、今もまたできるだけ手短に次のように言うべきです。すなわち、それらのうち、怠けて過ごし、自分自身の運動を停止させているものは最も弱いものとなり、他方で鍛錬して過ごして

90A いるものは最も力強いものになるのが必然です。それゆえ、それらがお互いに均整のと
れた運動をもつように見張っていなければなりません。
　そこで、私たちのもとにある魂の最も支配的な種類のもの（理性的魂）に関しては、
次のように考えなければなりません。すなわち、神はそれを神霊[*1]として各人に与えたの
だ、と。実際、私たちが主張するところでは、それは私たちの身体の頂上に住み、私た
ちが地上の植物ではなく天の植物であるかのように、天にある同族のものに向かって大
地から私たちを持ち上げます。このように語るのは、きわめて正しいことです。なぜな
ら、その神的なものは、魂が最初にそこから生まれたところ（天）に、私たちにとって
の根でもある頭を吊るすことで、身体全体を直立させているのですから。
B 　だから、欲望や功名心にこだわって、それらのことに大いに力を尽くしている人にと
っては、考えることすべてが死すべきもののことであり、そしてその人自身も可能なか
ぎりまったく死すべきものとなり、そのことに少しも欠けることがないのは必然です。
何しろ、彼はそのようなもの（魂の死すべき部分）を増長させてきたのですから。他
方、学ぶことへの愛と真の思慮について熱心で、自分自身のもののうち、とりわけこれ
C らを鍛錬してきた人にとっては、もしその人が真理に触れるなら、不死で神的なものを
思慮することは、たぶんまったくの必然でしょう。さらに、その人自身も人間の本性に
とって可能なかぎり不死性に与《あずか》り、そのことに少しも欠けることがないのも必然です。

そして、その人は常に神的なものを世話し、自らが自分自身の中に同居者である神霊（ダイモーン）をよく秩序づけられた状態でもっているのだから、際立って幸福（エウダイモーン）であるのも必然です。[*2]

実際、世話とは、すべてのものにとって、すべてのものに対して、ただ一つのこと、すなわち各々にとって固有の栄養と運動を与えてやることです。ところで、私たちの中の神的なものと同族の運動は、万有の思考と円運動です。だから、各人はこれらに従い
D ながら、生まれたときにすっかり損なわれてしまった私たちの頭の中の回転運動[*3]を万有の調和と円運動を学ぶことによって正し、原初の本性に従って考察するもの（頭の中の円運動）を考察されるもの（宇宙の円運動）と似たものにしなければなりませんし、そのように似たものにすることで、現在に対しても未来に対しても神々によって人間に課された最善の生という最終目的を達成しなければなりません。

四四

E そして、今や、万有に関して人間の誕生に至るまでを語るという私たちに最初に命じられたことも、ほとんどその目的を達成したように思われます。というのも、他の生き

物がどのように生まれたかということには手短に言及すべきで、それを引き延ばす必然
性はないからです。なぜなら、これらに関する話は、そのようにしたほうがより節度が
あると思われるからです。

そこで、そのようなことは次のように述べられるものとしましょう。男に生まれた者
のうち、臆病で、人生を不正に過ごした者は、もっともらしい議論に従えば、第二の誕
91A 生において女に生まれ変わりました[*1]。そして、それゆえ、そのときになって、神々は交
わることへの愛欲を作り出しました。すなわち、魂をもった生き物の一方を私たち
(男)の中に、他方を女の中に構成しましたが、その各々は次のような仕方で作られま
した。すなわち、飲み物が肺を通って肝臓[*2]の下の膀胱に入ったとき、この飲み物を受け
取り、息によって押し出して放出する場所である飲み物の出口を、通路を掘って、頭か
B ら首を通り、そして背骨を通って一続きになっている髄へとつなげました。先の議論で
は、私たちはこの髄を種子と呼んでいました[*3]。しかし、これは魂をもったものであり、
はけ口を見つけたのですから、はけ口となるその部分の中に、そこへ流れ出たいという
生命的な欲望を作り出し、その部分を生むことへの愛欲に仕立て上げました。それゆ
え、実際、男の陰部というものは、まるで道理を聞く耳をもたない生き物のように、聞
き分けがなく自分勝手なものになって、荒れ狂う欲望によってあらゆるものを征服しよ

うと企てるのです。

C　他方また、女の中の胎（メートラー）とか子宮（ヒュステラー）と呼ばれるものも、同じ理由から、子供を作る欲望を内にもった生き物であり、適当な時期を過ぎて長い時間、実を結ばずにいる場合には、ひどく苛立って、身体じゅう至るところをさまよって は息の通路を塞いで呼吸をできなくして、極度の困難に陥れ、またその他あらゆる病気
D　をもたらします[*4]。これは、それぞれの欲望と愛欲が両者を結びつけるまで続きますが、両者が結びついたときには、木からもぎ取るように果実を取り、耕地に蒔くように小さすぎて目に見えない未定形の生き物を子宮に蒔いて、そしてこれをまたはっきりした形をとるものにして内部で大きく育て上げ、その後、光の中に導いて、生き物の誕生を完成させるのです。

さて、女とすべての雌は、以上のようにして生まれました。他方、鳥の種族は、毛の代わりに羽を生やすものとして、悪人ではないけれども軽率で、天空の事物に通じては
E　いるけれど単純なためにそれらのことに関する最も厳密な証明が視覚によって得られると思っているような男から作り変えられたのです[*5]。

また他方、歩行する獣の類は、頭の中の回転運動をもはや使うことなく、むしろ胸部にある魂の指導に従ったために哲学に携わることがまったくなく、天体を観察すること

もまったくなかった男から作り変えられました。だから、彼らはこのような日常習慣か
92A ら、前足と頭を同族性によって大地へと引っ張られて地面にもたせかけることになり、
その頭は各自の回転運動が活動していないために押しつぶされて、そのつぶされ方に応
じて長く伸びた形や、その他あらゆる形になりました。これらの種族が四足や多足とし
て生まれたのも、この理由によります。すなわち、無思慮なものほどいっそう大地に引
きつけられるので、神は彼らに、そのぶん、より多くの脚をつけてやったのです。これ
らのものたちの中でも、最も無思慮で、全身をすっかり大地の上に伸ばしているものに
は、もはやまったく足の必要がないので、神はこれらを無足で地面を這うものとして生
み出しました。
B また、第四の水に住む種族は、とりわけ最も知性がなく最も無知な者たちから生まれ
ました。作り変える神々は、彼らはあらゆる過ちのために魂が不浄な状態にあるのだか
ら、もはや清浄な呼吸には値しないと考えて、精妙で清浄な空気を呼吸させる代わり
に、濁った深い水に突き落とし、それを呼吸するようにさせました。ここから魚や貝や
水に住むすべての種族が生まれました。極端な無知の代償として、最果ての住処を引き
C 当てたのです。

　そして、これらに従って、実際すべての生き物は、当時も今も、知性と無知を手放す

か獲得するかによって変化しながら、お互いに場所を入れ代わっているのです。

　それでは、これで万有に関する私たちの話は今やすでに終わりに来た、と言うことにしましょう。というのも、この宇宙は、死すべき生き物と不死なる生き物を受け取って、このようにして満たされ、目に見える生き物を包括する、それ自身、目に見える生き物として、知性の対象の似像である感覚されうる神として、最大で、最善で、最も美しく、最も完全なものとして生まれたからです。これこそが、唯一無二の宇宙なのです。

訳註

一

＊1　この不在の四人目が誰であるのかについては、古代からしばしば議論されているが定かではない。プラトン自身を示唆しているという説もある。
＊2　『国家』第二巻、三七三E—三七四E参照。
＊3　同書、第二巻、三七五C参照。
＊4　同書、第二巻、三七四E—三七六C参照。
＊5　「詩歌」と訳した mousikē は music の語源となった語だが、字義どおりには、学芸の女神ムーサたち（通例、九柱とされる）の技を意味する。したがって、広義では学芸一般を意味するが、通常は詩歌・音楽の意味で用いられることが多い。
＊6　『国家』第二巻、三七六E—第三巻、四一二A参照。
＊7　同書、第三巻、四一六D—四一七B、第五巻、四六四B—C参照。
＊8　同書、第五巻、四五一C—四五七B、四六六C—D参照。

＊9 同書、第五巻、四五七C―D、四六一D―E参照。
＊10 同書、第五巻、四五九A―四六〇A参照。
＊11 同書、第三巻、四一五B―C、第五巻、四六〇C参照。

二

＊1 詩人が「模倣を職業とする人」であることと、それに対する批判については、『国家』第三巻、三九二D―三九五B、第一〇巻、五九五A―六〇二B参照。
＊2 同書、第五巻（特に四七三D―E参照）の「哲人統治論」を念頭に置いている。
＊3 本書におけるヘルモクラテスの唯一の発言。彼の発言が見出されるのは、この他に『クリティアス』冒頭（一〇八B―C）の一個所のみ。
＊4 アテナ女神に捧げられたパンアテナイア祭のこと。

三

＊1 アパトゥリア祭はアテナイで秋に行われた氏族の祭りで、その三日目がクレオティスと呼ばれる。その日には、新たに生まれた子供の登録や、成年に達した男子が髪を切る儀式などが行わ

れた。

＊2　エジプト第二六王朝の王（在位前五七〇―前五二六年）。アマシスについては、ヘロドトス『歴史』二・一六二―一八二に詳しい。

＊3　ポロネウスは、川神イナコスと海の精メリアの間に生まれた最初の人間とされる。ニオベは、ポロネウスの娘。

＊4　ゼウスが堕落した人間を滅ぼすために大洪水を起こしたとき、デウカリオンは父であるプロメテウスの忠告によって箱舟を作り、妻のピュラとともに生き延びた。

＊5　この個所の意味をめぐっては、古くから諸説がある。エジプトの灌漑設備が示唆されているのかもしれない。

＊6　エリクトニオスの神話のこと。ヘパイストスはアテナに欲情し、性交を迫ったが、拒まれて争っているうちに精液が大地に落ち、大地母神ゲーが身ごもった。生まれた子供をアテナが引き取ってエリクトニオスと名づけ、これがのちにアテナイの王になったという。

四

＊1　「蠟画」と訳した enkauma は、字義どおりには「焼きつけられたもの」を意味する。ここでは、着色した蠟を熱で融かしながら板などの上に焼きつけていく技法で描かれた絵のことで、

その堅牢さから、忘れ難い記憶の喩えとしてよく使われる。例えば、プルタルコス『エロス談義』七五九C参照。

＊2　ここで予告された『ティマイオス』の続篇『クリティアス』は、序盤で中断されたまま未完成に終わった。

五

＊1　いくつかの写本と古代の註釈者たちに従って aei を削除する。

＊2　「存在するもの」とは、真に存在すると言えるもの、いわゆるイデアのこと。「生成するもの」とは、イデアの似像である個々の事物のこと。

＊3　「存在するもの」と「生成するもの」の峻別と、前者は知性の対象であり、後者は感覚の対象であるという前提は、ティマイオスの議論全体の枠組みをなす。ちなみに、ここでは noēsis を「知性の働き」と訳し、logos を「理性」と訳した。「思惑」は doxa の訳語で、感覚に基づくあてにならない憶測のこと。しばしば確実な真の知識であるエピステーメーと対比される。

＊4　「手本」と訳した paradeigma は、「模範」、「原型」、「実例」などを意味する語で、イデアの役割を示す重要な概念。以下で論じられるように、この宇宙は善なる神がイデアを手本として製作した、というのがティマイオスの宇宙論の骨子となる。

＊5　ここでは ouranos を「天」、kosmos を「宇宙」と訳した。なお、to pan は原義「すべてのもの」に準じて「万有」と訳した。これらは、いずれも「宇宙」を意味する語である。以下の個所では、文脈によっては ouranos も「宇宙」と訳す。

＊6　原語 sōma は「物体」をも意味する。以下で論じられるように、この宇宙は物体であると同時に、魂をそなえた身体として生き物でもある。

＊7　宇宙の生成の原因者が、いくぶん唐突に「この万有の作り主にして父」と言われている。それは以下の個所で「製作者（dēmiourgos）」（二九A）、「構成者（synistas）」（二九E）、「神」（三〇A）と言い換えられていく。

＊8　「信念」と訳した語は pistis で、ここでは「思惑（ドクサ）」と同義。すなわち、「存在するもの」には確実な知識が成立するが、「生成するもの」には不確かな「思惑」しか成立しない、ということ。

＊9　eikōs mythos を「もっともらしい物語」、eikōs logos を「もっともらしい言論」と訳した。eikōs という語は「似ている」、「思われる」を意味する動詞の分詞で、以下にも頻出するが、その意味合いは一様ではない。「もっともらしい」、「まことしやかな」といったいくぶん否定的な意味から、「真実に似つかわしい」という肯定的な意味にまでなりうる。巻末「訳者解説」二二四―二四〇頁を参照。なお、eikōs logos の logos は、以下では文脈に応じて「議論」、「説明」とも訳す。

六

＊1「神は嫉妬深いもの」というのが、ギリシアでは伝統的な神観だった。

＊2 宇宙生成以前の無秩序な運動については、本書五二D以下で詳しく語られる。

七

＊1 この個所には、さまざまな解釈が提起されている。ここではプリチャードの解釈に従って訳したが、例えばコーンフォードの解釈に従うなら「三つの数のうちで、立方数であれ平方数であれ、何であれ二つの数の間に中項があって」という意味になる。

＊2 $a:b=b:c$ ならば、$b:a=c:b$ も成り立つ、ということ。

＊3 二つの平方数の間には $a^2:bc=bc:b^2$ と一つの中項 bc が存在するが、二つの立方数の間には $a^3:a^2b=a^2b:ab^2=ab^2:b^3$ と二つの中項 a^2b と ab^2 が存在する。

＊4 異なった種類の元素を結びつける原理としての「友愛（ピリアー）」は、エンペドクレスの自然哲学でも重要な役割を果たしていたが、プラトンはそれを「比例（アナロギアー）」に求めた。『ゴルギアス』五〇七E—五〇八Aも参照。

＊5 球を最も美しい形とする考えは、ピュタゴラス派の「訓戒（アクースマタ）」にも見られる。

＊6　円運動は、天体の運動であると同時に理性的な思考の運動でもあるとみなされている。本書三七C参照。

＊7　上、下、左、右、前、後の六方向への運動のこと。本書四三B参照。

八

＊1　コーンフォードらに従って au peri を削除しない。

＊2　魂の構成を述べたこの個所に関しては、古代からさまざまな解釈が提起されてきたが、ここでは次のように解した。「有」、「同」、「異」のそれぞれに不可分なものと分割可能なものがあり、その両者を混ぜ合わせて「第三の有」、「第三の同」、「第三の異」が作られる。さらに、これら三つが混ぜ合わされて、魂が構成される。魂が「有」、「同」、「異」から構成される理由については、本書三七A―C参照。

＊3　これで1、2、3、4、9、8、27が得られる。

＊4　1を共通の始まりとして、二倍の数列1、2、4、8と三倍の数列1、3、9、27が考えられている。図1参照。

＊5　前者は調和中項、後者は算術中項と呼ばれる。二つの数aとbの間で、$\frac{2ab}{a+b}$ が調和中項、$\frac{a+b}{2}$ が算術中項である。

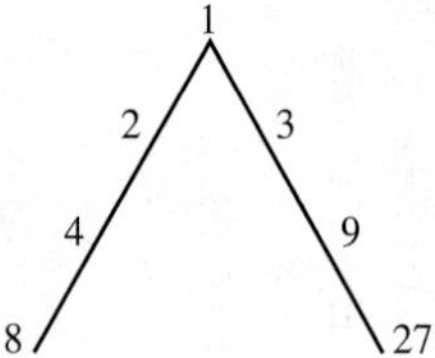

図1

＊6　1と2の間で、算術中項は$\frac{3}{2}$、調和中項は$\frac{4}{3}$で、両者の比は9：8となる。ここで述べられている数比は、ピュタゴラスが発見したとされる協和する音程を奏でる弦の長さの比に一致し、2：1は完全八度（オクターブ）、4：3は完全四度、3：2は完全五度、9：8は全音の音程に相当する。なお、「間隔」と訳したギリシア語 diastēma は「音程」の意味でもある。

＊7　1と$\frac{4}{3}$の間を$\frac{9}{8}$の比で埋めていくと $1\times\frac{9}{8}=\frac{9}{8}$、$\frac{9}{8}\times\frac{9}{8}=\frac{81}{64}$ となり、$\frac{81}{64}\times\frac{9}{8}$は$\frac{4}{3}$を超えてしまうので「余り」が生じることになり、この「余り」である$\frac{4}{3}$と$\frac{81}{64}$との比が256：243となる。$\frac{81}{64}$は全音（長二度）二つぶんで長三度の音程に相当する。256：243は完全四度から長三度を引いた残り $\frac{4}{3}\div\frac{81}{64}=\frac{256}{243}$、すなわち半音（短二度）に相当する。さらに、$\frac{3}{2}$と2の間を$\frac{9}{8}$の比で埋めていくと $\frac{3}{2}\times\frac{9}{8}=\frac{27}{16}$、$\frac{27}{16}\times\frac{9}{8}=\frac{243}{128}$ となり、$\frac{243}{128}\times\frac{9}{8}$は2を超えてしまうので「余り」が生じる。この「余り」である2と$\frac{243}{128}$との比も256：243となる。これで全音、全音、半音、全音、

全音、全音、半音の音程で並ぶ七音階が形成される。以上の比例関係は、先に述べられた1から27までの数列の間隔すべての間に成立する。

＊8　図2参照。

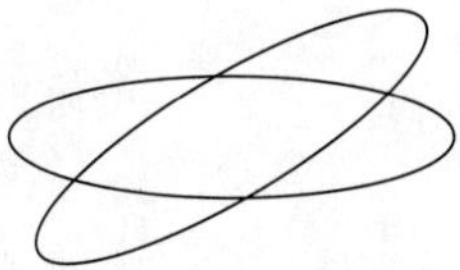

図2

＊9　「同」の円は天の赤道に相当し、その運動は恒星天球の日周運動を表す。「異」の円は黄道(天球上の太陽の見かけの通り道)もしくは獣帯(黄道を中心とした帯)に相当し、その運動は惑星の年周運動を表す。恒星天球の日周運動は東から西へ進むので、北に向かって立つときには右から左へ進むように見える。実際、『法律』第六巻、七六〇Dでは「右回りとは西から東への意味である」と言われ、『エピノミス』九八七Bでも惑星の運動は「右に向かって進む」と言われている。『ティマイオス』のこの個所で「同」の円が右に、「異」の円が左に回転すると言われ

ているのは、ここでは宇宙の外側に立つ神の視点から述べられているからだろう。

＊10　七つの円は、太陽と月を含む七惑星の軌道に相当する。速さが同様な三つの円とは太陽と水星と金星の軌道、速さが異なる四つの円とは月と火星と木星と土星の軌道のこと。

九

＊1　「異」の円運動は感覚に関わって思惑（ドクサ）をもたらし、「同」の円運動は知性（ヌース）に関わって知識（エピステーメー）をもたらす。これは人間の魂においても同じだが、人間の魂の円運動は身体と結びつくことで乱れたものとなる。本書四三A—四四C参照。

一〇

＊1　コーンフォードに従って「永遠なる神々」を天体と解し、agalmaを「神殿」と訳した。

一一

＊1　古代においては、太陽と月を含め、水星、金星、火星、木星、土星の七つの天体が「さまよ

う星」（惑星）と呼ばれた。

＊2　この「反対の力」が何を意味するかについては、古来さまざまな議論がある。

＊3　内惑星である水星と金星は、地球からの見かけでは常に太陽のそばにあって、その東側と西側に往復運動をする。

＊4　コーンフォードらに従って、iousés te kai kratouménēs を iousan te kai kratouménēn と読む。

＊5　惑星の逆行のことを言っているのではなく、年周運動の速度が速い惑星ほど日周運動においては遅く見えることを言っているのだと思われる。次註参照。

＊6　恒星天球は、東から西に向かって、一日で一回転の日周運動をする（正確には、恒星は同じ向きに年周運動をするので、一日で約三六一度回転する）。これに対して、惑星は、天の赤道（「同」の円）と斜めに交差する獣帯（「異」の円）に沿って、恒星天球とは逆向きに年周運動をする（正確には、惑星は獣帯よりも内側のそれぞれ異なる円に沿って運行するが、地球からの見かけでは獣帯上を運行するように見える）。そこで、例えば図3において、惑星が一日で獣帯上の点Aから点Bまで進むものとする（実際には、惑星が一日で動く距離はごくわずかである）。すると、獣帯も恒星天球の日周運動によって回転させられているので、惑星が描く軌跡は「同」の円と「異」の円の合成運動となり、一日後に点Bに到着するまでに惑星が描く軌跡は、図の破線のように、球面上に沿って緩やかな螺旋を描くことになる。

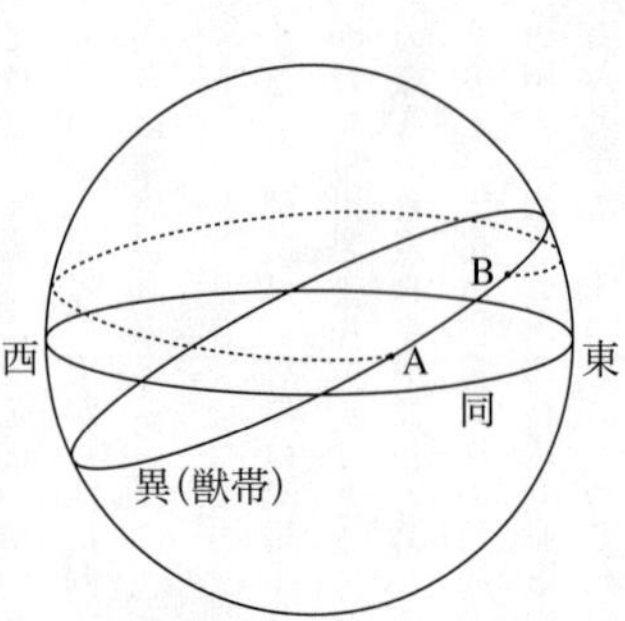

図３

＊7　すべての天体が再び同時に元の位置に戻るとき、すなわち恒星天と七惑星の周期の最小公倍数にあたる。プラトンは、その具体的な年数を挙げていないが、『国家』第八巻、五四六B―Cの記述から、一般に三万六〇〇〇年とみなされている。

一三

＊1　「飾り」と訳した kosmos は、「宇宙」をも意味する。

＊2　運動には回転運動、前、後、上、下、左、右への運動の七種類があると考えられている。本書三四A、四三B参照。ここでは天体（恒星）に回転運動（自転）と前進運動（公転）の二つの運動だけが割り当てられている。

＊3　本書三八C―三九D参照。

＊4　「固定され」と訳したillomenēnという語の解釈には古くから議論がある。アルキノオス『プラトン哲学講義』第一五章、カルキディウス『プラトン『ティマイオス』註解』第一二二節、プロクロス『『ティマイオス』註解』第四巻、一七六頁（van Riel）は、本訳と同様に解している。しかし、『ティマイオス』のこの個所に言及しているアリストテレス『天界について』第二巻第一三章、二九三b三〇―三二では「回転している」という意味に受け取れる。キケロ『アカデミカ前書』二・一二三、プルタルコス『プラトン哲学に関する諸問題』第八問、一〇〇六C、ディオゲネス・ラエルティオス『哲学者列伝』三・七五も、その意味に解している。後者の意味に解すると、地球が回転していることになる。この運動をめぐっては、現代でもさまざまな解釈が提起されている。

一三

＊1　「神霊」と訳したdaimōnという語は古くから「神（theos）」と同義で用いられており、こ

こでもそうだと思われる。ただし、プラトンは『饗宴』二〇二D―二〇三Aで、ダイモーンは神と人間の中間に位置する存在で、神と人間の間を仲介する、と述べている。この考え方も、のちに一般的となる。

＊2　ロビンソンらに従って theoi theōn, hōn …, di'emou を theoi, theiōn hōn …, ta di'emou と読む。

＊3　魂の理性的部分のこと。

一四

＊1　人間から動物への転生については、本書の終わり、九一A―九二Cで詳論される。

＊2　『国家』第一〇巻、六一七D―E参照。

一五

＊1　ここで「感覚的性質」と訳した pathēma は、本来「何らかの作用を受けること」を意味し、さらには心身が作用を受けた結果としての状態である病気、感覚、感情などを広く意味する（四二Aでは「受動状態」と訳した）。しかし、プラトンはしばしば、熱いとか冷たいといった感

覚をもたらす、それぞれの物体の性質をもpathēmaと呼んでいるように思われる。感覚は感覚対象と感覚主体の相互作用において成立するのだから、例えば「熱い」という感覚は、感覚主体である人が受ける印象であると同時に、その感覚を引き起こした物体、例えば火のもつ性質でもあると考えるのは自然なことだろう。したがって「身体が作用を受けた状態」を意味していると考えられる場合は「感覚的印象」とも訳したが、どちらの意味か判然としない個所も少なくない。

＊2 「感覚」のギリシア語aisthēsisの由来に言及したものと思われるが、どのような語源を念頭に置いているのかは定かではない。

＊3 本書三五B—三六B参照。

＊4 「愚かさ」のこと。「愚かさ」が「魂の病気」であり、それは身体の状態に起因することについては、本書八六B—八七A参照。

一六

＊1 この個所を「火の中でも焼くことはできないが、穏やかな光をもたらすことはできるものを、神々は日々の昼間にふさわしい物体となるように工夫した」と解する訳者も多い。

＊2 エンペドクレス断片B八四(DK)参照。

＊3 「視線」を「身体」と呼ぶのは奇異に思われるかもしれないが、快楽と苦痛を論じた本書六四D—Eでも、視線は身体の一部であるかのように語られている。
＊4 知性とともに善を目指す真の原因と単なる物理的な必要条件にすぎない原因との区別については、『パイドン』九七C—九九Cも参照。
＊5 エウリピデス『ポイニッサイ（フェニキアの女たち）』一七六二行に類似した表現がある。
＊6 「ムーサの技」と訳した mousikē については、一の訳註＊5を参照。
＊7 コーンフォードらに従って phōnēi を phōnēs と読む。
＊8 人間の理性的魂と同族である宇宙の魂の構成を述べた本書三五B—三六Bでは、宇宙の魂は協和する音階の比と同じ比によって分割されている。八の訳註＊6参照。

一七

＊1 「知性（ヌース）」と「必然（アナンケー）」という対立する二つの原理は、ティマイオスの宇宙論の枠組みとなっている。「必然」の意味内容については、巻末「訳者解説」二四〇—二四九頁を参照。
＊2 「構成要素」と訳した stoicheia は「字母」をも意味する。
＊3 本書二九B—D参照。

＊4　ハックフォースらに従って mallon de, kai emprosthen を mallon de ē kai emprosthen と読む。

一八

＊1　ここから段落の終わりまでについては、さまざまな読み方と解釈が提起されている。本訳では、最初にこの個所の問題を提起したチャーニスの解釈におおむね従った。「そのようであるもの」、「そのようなもの」とは、生成変化を繰り返す現象の中に現れる一定の特性をもった感覚的性質のことを意味すると解する。巻末「訳者解説」二五〇―二五二頁を参照。
＊2　ザックスらに従って kai tēn tōide を削除する。
＊3　この段落も前の段落の解釈に準じて訳した。
＊4　ウィルソンらに従って pantōn のあとに noētōn を挿入する。
＊5　原語は eidos. いわゆるイデアを指すのに用いられる一般的な語。本書では、イデアを意味するのに idea という語は用いられていない。
＊6　正しい思惑（たまたま真実を言い当てた憶測）と確実な知識（エピステーメー）の区別については、『テアイテトス』一八七B―二〇一Dで詳論されている。
＊7　「受容器（hypodochē）」と呼ばれていたものが、ここで初めて「場（chōra）」と呼ばれる。

＊8　この個所にはさまざまな解釈があるが、コーンフォードらに従って「似像が成立する条件であるイデアと場は、似像自身に属するものではない」という意味に解する。

一九

＊1　原語はplokanon. 箕《み》とは、竹や木の皮などを編んで作った大きなざるのような農具で、ここで述べられているように、穀物を揺すったり煽ったりすることで穀粒を殻や塵から分別するために用いる。このような道具は、古くから世界各地で使われている。

＊2　似たもの同士が集まるというのは、古代ギリシアにおいては伝統的な観念で、さまざまな文脈で語られている。『ティマイオス』でも、以下、さまざまな現象を説明する原理としてしばしば用いられる。五七C（物体の相互転換）、五八A―C（運動の永続性）、六〇C（岩石の生成）、六三B―E（重さ）、七九D―E（呼吸）、八〇C（落雷、磁石など）、八〇D―八一B（血液の流れ）、八八D―八九A（病気への対処）参照。

二〇

＊1　直線で囲まれた平面、すなわち多角形は、すべて複数の三角形に分割することができる。

＊2　前者は直角二等辺三角形、後者は三辺の長さが異なる直角三角形。
＊3　すべての物体は土、水、空気、火という四種類の基本物体から成る、という伝統的な考えをプラトンも踏襲している。
＊4　ヘルマンらに従って dē を mē と読む。
＊5　三辺の比が1：2：√3になる直角三角形。
＊6　本書四九B―Cでは、土、水、空気、火がいずれも他のものに転化することが語られていた。
＊7　図4参照。

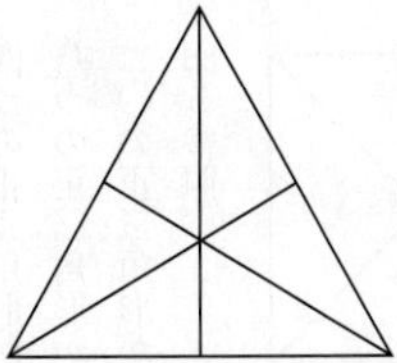

図4

＊8　大方の訳者は「この角は平面角のうち最大の鈍角に次ぐ大きさのものだ」という意味に解しているが、ここではパパラッツォの解釈に従って訳した。正三角形の角が平面上で三つ集まれば

最大の鈍角である一八〇度となるが、ここでは三つの角が立体的に結合することで立体角が生じている。

*9 四つの正三角形から構成される正四面体のこと。

*10 八つの正三角形から構成される正八面体のこと。

*11 二〇の正三角形から構成される正二〇面体のこと。

*12 図5参照。

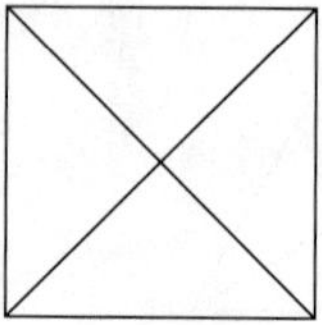

図5

*13 正六面体のこと。

*14 「第五の構造」とは、正一二面体のこと。これは一二の正五角形から構成される。可能な正多面体は、図6に示した五つしか存在しない。これらは、のちに「プラトン立体」と呼ばれる。ここでは、おそらく正一二面体の形を宇宙の球形になぞらえているのだろう。「絵を描く(diazōgraphōn)」というのが何を意味するのかについては、古くから黄道一二宮の星座を示唆

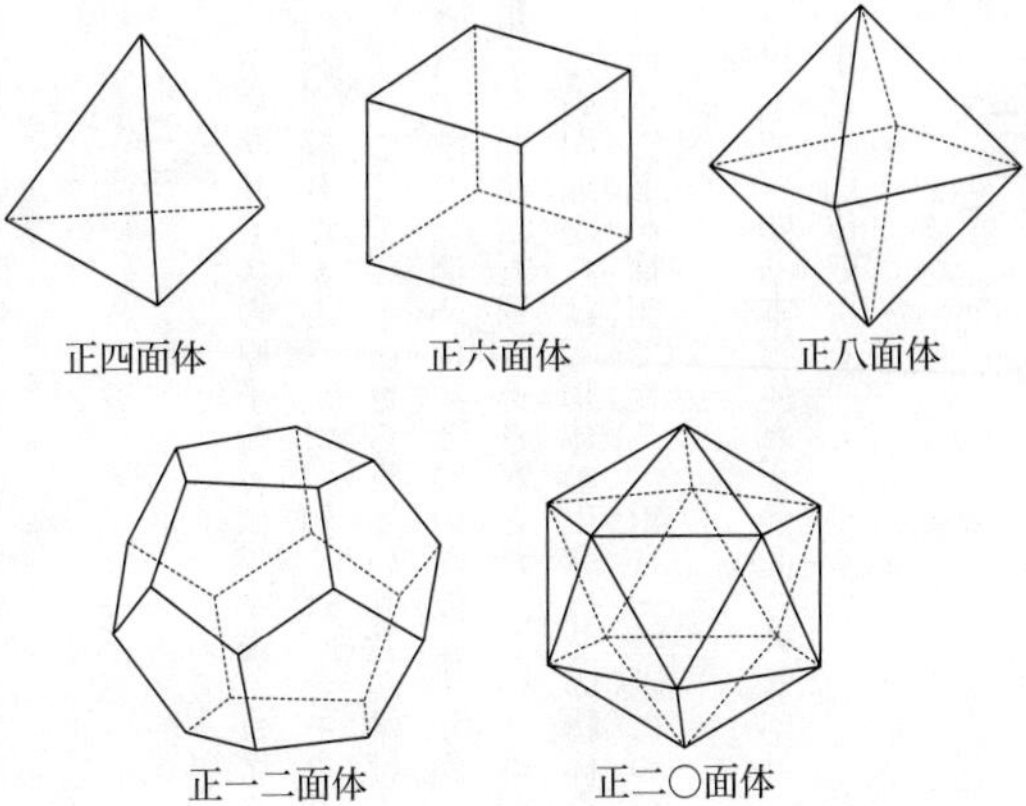

図6

していたという解釈があるが、本当のところは定かではない。

二一

＊1　デモクリトスら原子論者は、宇宙（コスモス）は無限に多く存在し、無限の虚空間の中で生成消滅を繰り返すと考えた。例えば、デモクリトス断片A四〇（DK）参照。

＊2　なぜここで、ことさら五という数が挙げられるのかについては、古くからさまざまな議論がなされてきた。例えば、五つの可能な正多面体の中から四基本物体に割り当てるために四つを選ぶ組み合わせが五通りあるからだ、という解釈がある。

＊3　この記述からは、物体の重さはその物体を構成する要素（三角形）の数に比例すると考えられていることが推測できる。重さ・軽さについては、上・下とともに、本書六二C―六三Eで詳論される。

＊4　以上で、四基本物体と正多面体の対応は、土＝正六面体、火＝正四面体、空気＝正八面体、水＝正二〇面体となる。

二二

＊1　以上の相互転換の仕組みをまとめると、水一つから火一つと空気二つが生じ、空気一つから火二つが生じ、空気二つと半分から水一つが生じ、またそれぞれの反対も成り立つ。正三角形の面、もしくはその面を構成する直角三角形を単位として、正多面体の組み換えが考えられている。

＊2　ビュアリらに従って ταὐτά を ταῦτα と読む。

＊3　本書五二D―五三Bの宇宙生成以前の物体の記述を参照。幾何学的構造をもった物体についても（したがって、原初の物体を「神が最初に形と数で形作った」あとにも）、宇宙生成以前と同じ「場」の振動と物体の運動が語られていることに留意すべきである。

＊4　構成要素とされる二種類の三角形自体に大きさの相違がある（もしそうなら相互転換が不可能になってしまう）のではなく、三角形を組み合わせる仕方に複数の種類があり、それによって異なった大きさの底面が構成される（それゆえ、それぞれの物体の粒子には大きさが異なる複数の種類がある）、という意味に解する。なお、「構成の仕方」の例として、コーンフォードは図7の組み合わせを挙げている。

二三

＊1　空虚（kenon）が存在しないことは、本書五九A、六〇C、七九B―C、八〇Cでも述べら

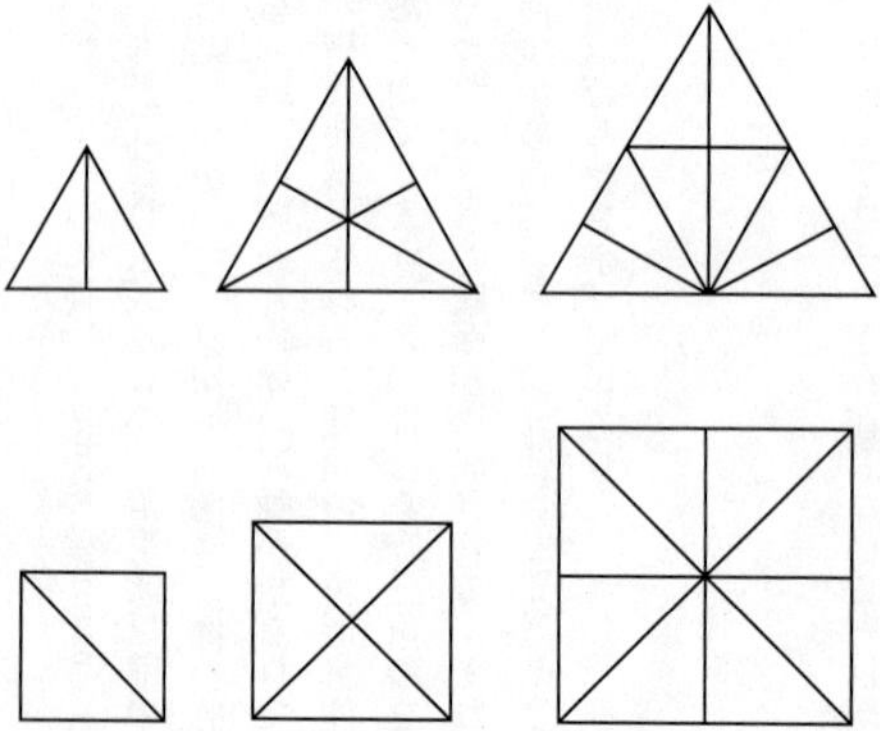

図7

れる。しかし、物体が正多面体の粒子から成るとすれば、正多面体で空間を充当することは不可能なので、粒子同士の間には空虚が存在することになるだろう。以下においても、粒子同士の間の「空隙（kenotēs）」や「隙間（diakena）」が語られている。プラトンがその存在を否定する空虚とは、原子論者が想定するような、ある程度の広がりをもった、物体の存在しない空間であり、粒子同士の間に隙間が存在することは当然のこととして認められているものと思われる。

二四

＊1　アリストテレスはアイテールを独立した元素と考えたが、ここでは空気の一種と考えられている。ただし、『パイドン』一〇九B―C、一一一A―Bでは、アイテールは空気と区別されている。

＊2　以下で論じられるように金属は融解するので、古代では一般に水の一種とみなされていた。

＊3　アダマース（adamas）は「打ち負かされないもの」を意味する語で、ヘシオドス『神統記』一六一行では鋼鉄を指すとみなされている。大プリニウス『博物誌』三五・一五では、金鉱の中に見つかる貴重な宝石とされているが、これはダイヤモンドだとみなされている。プラトンは『ポリティコス（政治家）』三〇三Eでも、金を製錬する際に生じる金属として、アダマースに言及している。

＊4　「液状のもの」と訳したhygronという語の由来を説明しているのだろう。「地面の上を流れるもの（hyper gēs rheon）」を念頭に置いているとする説がある。

＊5　「液汁」と訳したchymosは、果汁や樹液など、植物から採取した液体を広く指す。
＊6　本書六七D―E、および三〇の訳註＊2を参照。
＊7　味と味覚の仕組みについては、本書六五C―六六Cを参照。
＊8　イチジクの樹などから採取される酸味のある汁。

二五

＊1　溶岩のことか。アリストテレス『気象論』第四巻第六章、三八三b九参照。
＊2　リーらに従ってkata logon [nomou] をkata nomonと読む。
＊3　ウィルソンらに従って、底本が削除しているaeraの代わりにhydōrと読む。

二六

＊1　「感覚的性質」については、一五の訳註＊1を参照。
＊2　「肉や、肉に関わるもの」については本書七三B―七六Eで、「魂の死すべき部分」については本書六九C―七二Dで論じられる。
＊3　「熱い（thermos）」という語の由来を「寸断する（kermatizein）」に結びつけているのだろ

う。

＊4　重さについては、本書五六A―Bにも短い言及があった。二一の訳註＊3も参照。

＊5　ここでは言明されていないが、火は球形をした宇宙の周囲に、土（地球）は宇宙の中心に、同心球状に集まっていると考えられる。さらに、次に述べられるように、それぞれの物体は自分と同じ種類の物体が集まっているところに運ばれる。これが重さの原因であり、その方向が下となる。したがって、火は自分と同じ種類の火が集まっている宇宙の周囲に向かうので、その方向が下であるのに対して、土は宇宙の中心に向かう方向が下になる。さらに、天において火を持ち上げる場合の軽重上下は、地上で土を持ち上げる場合の軽重上下と、持ち上げる人のいる位置によって、方向において「逆になったり、斜めになったり」する。図8参照。

＊6　同じ種類の物体同士が集まる仕組みについては、本書五二D―五三Aを参照。また、一九の訳註＊2も参照。

二七

＊1　以上に論じられた「熱い・冷たい」、「硬い・軟らかい」、「重い・軽い」、「滑らか・粗い」が、これに属する。これらは、いずれも触覚に関わる。

＊2　本書六五C以下で論じられる味覚、嗅覚、聴覚、視覚（色）のこと。これらも粒子論に基づ

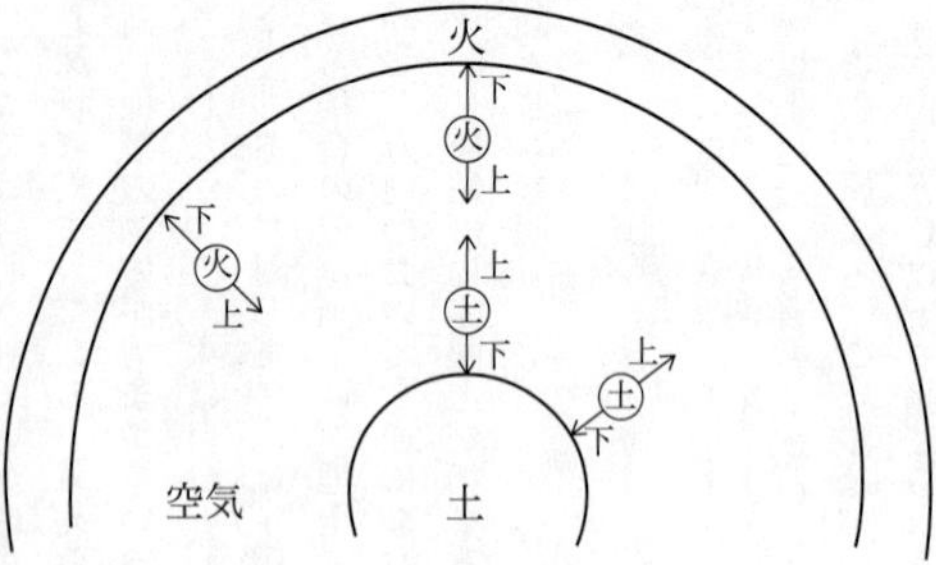

図8

いて説明されるので、結局は触覚に還元されることになる。

＊3　認識主体としての生き物のこと。これに対して、「部分（moria）」とは生き物の身体各部を

構成する部分、すなわち基本物体の粒子を意味する。

＊4　本書四五C参照。

＊5　本書六七D、および三〇の訳註＊2参照。

二八

＊1　「感覚的印象」については、一五の訳註＊1を参照。

＊2　ここで「影響」と訳したpathosは、本来「何らかの作用を受けること」を意味し、すぐ前で「感覚的印象」と訳したpathēmaとほぼ同義の語。文脈に応じて「状態」、「影響」、「現象」などと訳し分けた。

＊3　本書六〇Aで「液汁」と訳したchymosという語には「味」という意味もある。以下、味について論じられる。

＊4　本書五八B参照。「分解」と「結合」の意味については、三〇の訳註＊2を参照。

＊5　リーに従ってto deをta deと読む。

二九

＊1　本書八〇A―B参照。

三〇

＊1　本書四五B―四六C参照。

＊2　多くの訳者は「前者は視線を収縮させ、後者は視線を拡張する」という意味に訳している。しかし、ここで用いられている動詞 synkrinein と diakrinein の意味は、本書五八Bの記述によれば、後者は小さい粒子が大きい粒子を切断・分解して、より小さい粒子に再構成することであり、前者は大きい粒子が分解された小さい粒子の部分を圧縮・結合して、より大きな粒子を再構成することだと解することができる。これは物体の粒子の相互転換の基本であり、この個所でもこの意味に解するべきだろう。本書六〇A、六四E、六五Cの用例（前一者は形容詞、後二者は名詞だが）も参照。

＊3　本書六五D―六六A参照。

＊4　「輝き（lampron）」や「光沢（stilbōn）」も、色（chrōma）の一種とされている。以下の記述を見ると、「白」、「黒」、「輝き」、「赤」の四つが基本色となり、これらの混合から他の色が

生じると考えられていることが分かる。なお、以下に挙げられる色を表すギリシア語に現代の色の名称を一義的にあてはめることは困難である。色を論じた古代ギリシアの文献としては、偽アリストテレス『色彩について』を参照。

*5 原語はxanthosで、明度も色調もさまざまな黄色系の色を表す。ここでは「黄金色」か。

*6 原語はhalourgosで、「海で作られたもの」の意。ムラサキガイから作られる染料の紫色を表す。

*7 原語はpyrrosで、「火（pyr）の色」の意。

*8 原語はōchrosで、元来、血の気が引いた肌の色を表す。

*9 原語はprasiosで、「ネギ（prason）の色」の意。

*10 補助原因と真の原因の区別については、本書四六C―E参照。

三一

*1 以下、本書四七Eでいったん中断された人間の成り立ちの話に戻り、その続きが論じられる。本書四七E―六九Aの物体論は、人間論の途中に差し挟まれた長い挿入的議論とみなすこともできるだろう。

*2 本書五二D―五三B参照。

＊3 「均整」と訳したsymmetriaは、字義どおりには「共通した（sym）尺度（metron）をもっていること」を意味し、数学用語としては「通約可能性」を意味する。神が四つの基本物体を三角形を単位とする正多面体として構成したこと（五三B―五五C）は、まさに物体に「共通した尺度」を与えたことになるだろう。

＊4 本書四四D―四五A参照。

＊5 原語はpathēma. この語の意味については、一五の訳註＊1参照。以下に列挙される快苦や感情は、通常パトス（pathos）と呼ばれる。

＊6 「優れたもの」とは魂の気概的部分、「劣ったもの」とは欲望的部分。これらに理性的部分を加えた魂の三区分は、『国家』第四巻、四三四C―四四一Cの考え方を継承している。

＊7 「気概」と訳したthymosは、通常「激情」や「怒り」の意味で用いられることが多いが、不正に対する憤りや何かをやり遂げようとする強い意志をも意味する。プラトンは魂の三つの機能の一つとしてthymosを理性と欲望から区別している。『国家』第四巻、四三九E―四四一C参照。プラトンの魂論における重要概念である。

＊8 飲み物の一部が肺に入ること、また肺の役割が心臓の熱を冷やすことにあるというのは、当時としてはかなり一般的な見解だった。

三二

＊1　ここでは単数形で「神」と言われているが、意味するものは前後の文の主語である「神々」と同じだろう。本書七三B以下でも、単数形の「神」が主語になっている。

＊2　動物の肝臓の色や形から神の意思や未来の出来事を読み取ろうとする占いは、古代世界において広く見られる風習だった。

三三

＊1　panspermia を「全種子混合体」と訳した。本書九〇E以下で人間の男から女やその他の動物が転生によって生まれることが述べられていることを考えれば、あらゆる動物になることが可能な種子という意味で、こう呼ばれているのだろう。なお、この語は、アリストテレスがアナクサゴラスとデモクリトスの物体論を解説する際にも用いている（『生成と消滅について』第一巻第一章、三一四a二九、『自然学』第三巻第四章、二〇三a二一、『天界について』第三巻第四章、三〇三a一六、『魂について』第一巻第二章、四〇四a四）。

＊2　「脳」と訳した enkephalos は、字義どおりには「頭（kephalē）の中にあるもの」を意味する。

＊3　脊髄のこと。これが複数の円筒形とされているのは、脊椎が複数の椎骨が連結したものだからだろう。
＊4　肉が「温かい水分を含んでいる」からには、当然、肉の内部には火があると想定されているのだろう。
＊5　「〔魂の〕回転運動と養分の働き」の争いについては、本書四三A―E参照。
＊6　補助原因と真の原因の区別については、本書四六C―E参照。

三四

＊1　本書六九D―七〇A参照。

三五

＊1　原語はkyrtos. 筌《うけ》とは、魚を誘い入れて捕獲する漁具。竹や木などを徳利の形に編んだもので、入った魚が出られないように口に漏斗状の返しがついている。
＊2　入り口が二つになっているとは、気管から肺に至るものと食道から胃に至るものの二つを指す。「その一方を……二股に編みました」とは、気管の入り口を口と鼻の二つの通路に分けたと

いう意味だろう。

＊3　口が塞がっているときでも鼻で息ができるということ。

＊4　身体全体を通じても呼吸が行われているとする説については、エンペドクレス断片B一〇〇（DK）を参照。

三六

＊1　火は球形の宇宙の周辺部に位置しているので、地上の私たちにとって、火は本性上、上方に向かう。本書六三B参照。

三七

＊1　空虚が存在しないため、運動する物体が隣接する物体を順次押し出すことで運動が循環的に起こるという仕組みのこと。これによって、吸角、飲み下し、投射体の運動、さらにはのちに言及される協和音、水の流れ、落雷、琥珀や磁石の引きつけを説明する試みとしては、プルタルコス『プラトン哲学に関する諸問題』問題七、一〇〇四D―一〇〇六Bを参照。

＊2　速い運動が高音を、遅い運動が低音を発するというのは古代において一般的な考えだった

が、以上の説明が呼吸を説明した運動の仕組み（前註参照）とどう関連するのかは定かではない。ちなみに、ここで「感覚的印象」と訳した原語は pathēma（一五の訳註＊1参照）ではなく pathē.

三八

＊1　本書七七A参照。
＊2　赤については、本書六八B参照。

三九

＊1　三角形から構成される土、火、水、空気が「第一の構成物」であるのに対して、以下で述べられるように、これら四基本物体から構成される髄、骨、肉、腱などの人体組織が「第二の構成物」と呼ばれる。
＊2　血液のでき方については、本書八〇D―E参照。
＊3　有力写本に従って chloōdes を cholōdes と読む。
＊4　色については、本書六七C―六八C参照。

＊5　ゼイルらに従って auto ex inōn haima を au to ex ekeinōn hama と読む。

四〇

＊1　第一の種類は四基本物体の過不足や不適切な移動などに起因するもの（本書八二A―B）、第二の種類は髄、骨、肉、腱、血液の生じる過程が逆転することに起因するもの（本書八二C―八四C）。

＊2　「背中の腱」と訳した epitonos は、船のマストから船尾に張る「後支索」を意味し、腱の名前としては、アリストテレス『動物誌』第三巻第五章、五一五b九でも言及されている。あるいは僧帽筋のことか。

＊3　「強直」と訳した tetanos は、痙攣（spasmos）と並んでヒッポクラテス全集でもしばしば言及されている。『箴言』四・五七、『コス派の予後』三四八でも、熱を併発すると治ると言われている。「反弓緊張」と訳した opisthotonos も、ヒッポクラテス全集でしばしば言及されている（例えば『流行病』五・七五、七六）。

＊4　「白皮病」と訳した leukē は、ヒッポクラテス全集『予言』二・四三に lepra（しばしばハンセン病とされるが、さまざまな皮膚病を含む）と並んで言及されている。アリストテレス『動物誌』第三巻第一一章、五一八a一三、『動物の発生について』第五巻第四章、七八四a二六で

も、毛が白くなる病気として言及されている。「白斑病」と訳したalphosも、ヒッポクラテス全集でlepraと並んでしばしば言及されている（例えば『流行病』二・一・七、二・五・二四）。ともに現代の病名を同定するのは難しい。

＊5　癲癇のこと。ヒッポクラテス全集『神聖病について』では、この病気を特別視する俗見が批判され、粘液が原因となって起こる脳の病気であると論じられている。

＊6　カタルの語源となったギリシア語katarrousは、字義どおりには「流れ下ること」を意味し、粘液の滲出をともなうさまざまな病状を広く指す。

＊7　「血性下痢」と訳したdysenteriaは、発熱や血便をともなう悪性の下痢のこと。ヒッポクラテス全集『養生法について』三・八参照。

＊8　周期的に発熱を繰り返す三日熱と四日熱は、ヒッポクラテス全集でも頻繁に言及されている。これはマラリアに見られる特徴でもある。

四一

＊1　プラトンは、魂における悪（倫理的な悪や無知）を、しばしば「魂の病気」として捉えている。例えば『国家』第四巻、四四四E、『ソピステス』二二七D—二二八E、『法律』第九巻、八六二C参照。本書では「魂の病気」は身体の病気の一環として生理学的に説明される。ただし、

他の著作では魂の悪の最たるものとして語られる不正が挙げられていないことには注意すべきである。ここで語られている「魂の病気」とは、倫理的な悪の総称ではなく、身体の病的状態に起因するかぎりでの「魂の病気」だと言えるだろう。

＊2 「愚かさ（anoia）」が魂の「最大の病気」であることについては、本書四四C、『法律』第三巻、六九一D参照。「無知（amathia）」が魂の病気であることについては、『国家』第四巻、四四四B―E、『ソピステス』二二八C―D参照。

＊3 本書六九C―七〇A参照。

四二

＊1 「ムーサの技」と訳したmousikēについては、一の訳註＊5を参照。

＊2 「美しい（kalos）」と「善い（agathos）」を一語にしたkalokagathiaというギリシア語は、古代ギリシアにおいて理想的な人間像を示す言葉だった。ここでは、「美しさ」は身体の優秀さを、「善さ」は精神の優秀さを意味し、両者の「均整」が大事だとされている。

＊3 本書四九A、五二D参照。

四三

＊1　「神霊」については、一三の訳註＊1、および次註参照。

＊2　「幸福」と訳した形容詞eudaimōnは、字義どおりには「よいダイモーンが憑いている」ことを意味する。人には生まれたときから守護霊としてそれぞれのダイモーンが憑いていて、各人の運命を導く、という観念に基づく。例えば『国家』第一〇巻、六一七E、六二〇E参照。

＊3　本書四三A—四四A参照。

四四

＊1　最初に生み出されたのが人間の男であり、それから女へ、さらに他の生物へと生まれ変わるということは、すでに本書四一E—四二Cで語られていた。

＊2　飲み物の一部が肺に入ることは、本書七〇Cでも言及されていた。

＊3　本書七三C—七四A参照。

＊4　ヒステリーの語源は、ギリシア語で子宮を意味するhysteraに由来する。子宮が身体の中を動き回ることやヒステリー性の窒息については、ヒッポクラテス全集『婦人病』一・七にも記載がある。

＊5　天文研究のこのような態度に対する批判は、『国家』第七巻、五二九A—五三〇Cに詳しい。

訳者解説

はじめに

現代のプラトン研究者に、プラトンの主著は何かと尋ねたら、おそらくたいていの人は『国家』と答えるだろう。確かに、『国家』にはプラトン哲学のエッセンスが詰め込まれており、質量ともに主著と呼ばれるのにふさわしい。それにもかかわらず、プラトニズムの長い歴史から見れば、プラトンの対話篇の中で最も大きな影響力をもった著作は『ティマイオス』であった。神による宇宙の製作とさまざまな自然学的理論が論じられる本書は、プラトンの対話篇の中ではむしろ特殊なものと言えるが、古くからプラトンの信奉者たちによって重視されてきた。とりわけ、前一世紀から後三世紀にかけてのいわゆる中期プラトン主義と、それに続く新プラトン主義の時代には、この書はプラトンの著作の中でも特権的な地位を占めてきた。古代後期から中世を通じてのプラトニズムの歴史は、『ティマイオス』の解釈史だったと言っても過言ではない。この伝統が近代にまで及んでいることは、例えばラファエロの有名な壁画《アテネの学堂》の中で、プラトンが手にしている書物が『ティマイオス』であることに象徴的に現れている。(1)

一　登場人物、設定年代、執筆時期

1　登場人物

本書には、ソクラテスを除けば、ティマイオス、ヘルモクラテス、クリティアスの三人が登場する。ソクラテスとこれらの人物の対話が交わされるのは導入部（一七A―二九D）のみで、それ以降は終わりまですべてティマイオスのモノローグとなる。

本書の主人公であるティマイオスは、作中のソクラテスが語るところによると、「とてもよい政治が行われている国であるイタリアのロクロイの人で、財産と家柄において、かの地の人の誰にもひけをとらず、その国で最も重要な官職と名誉ある地位に就きましたが、私の見るところ、知を愛すること全般にかけても、その頂上を極めた人だ」（二〇A）と言われている。ロクロイは前六六〇年頃、立法家ザレウコスによって国制が整えられた国で、プラトンは『法律』第一巻（六三八B）でも、小国ながらその地方で最も優れた法律をもっていると述べている。また、本書の中でクリティアスは、「ティマイオスは私たちの中で最も天文学に通じていて、万有の本性を知ることをとりわけ仕事にしてきた」（二七A）と言っている。ところが、この人物については、本書と独立して言及している古代の文献がない。したがって、大方の研究者は、プラトンが創作した架空の人物だろうと推測している。本書では言明されていないが、南イタリアという土地はピュタゴラス派との繋がりを連想させる。

ヘルモクラテスについては、一般に、シケリア（シチリア）の大国シュラクサイの政治家・将軍であったヘルモクラテスと同定されている。彼は、ペロポンネソス戦争中の前四一三年、アテナイの遠征軍に大打撃を与えて撃退した将軍としても知られる。

クリティアスについては、ペロポンネソス戦争敗戦直後の前四〇四年、アテナイで寡頭政政権を樹立した三〇人政権の首謀者の一人であるクリティアスか、あるいはこの人物の同名の祖父であるかが、古くから問題になってきた。前者のクリティアスは、プラトンの母のいとこで、『カルミデス』にも登場する。後者のクリティアスはプラトンの曽祖父にあたることになる。前者のクリティアスは前四六〇年頃の生まれと推定される。ところが、本書では、クリティアスの曽祖父がソロンの親友だったと言われており（二〇E）、ソロンの生年は前六四〇年頃と推定されている。これらの年代からすれば、本書のクリティアスは三〇人政権のクリティアスではなく、その祖父のクリティアスだと考えるべきだろう。また、三〇人政権のクリティアスはソクラテスより一〇歳ほど年下だと思われるが、本書二六Bで語られる、昨日聞いた話は忘れてしまうが、昔聞いた話はよく覚えている、という趣旨のクリティアスの言葉は、明らかに年寄りの言う科白である。

2 設定年代（特に『国家』との関係について）

本書の冒頭で、ソクラテスは三人の登場人物に向かって、昨日自らが語った話の要約として、最善の国家についての話をする（一七C―一九B）。そこでは、生産者と守護者の分離、守護者の教育、私有財産の禁止、男女共通の職業、妻子の共有、結婚の仕組み、子供の選別といったことが語られる。これらは、おおよそ『国家』第二巻から第五巻の内容と一致する。他方、『国家』は、前日にペイライエウスのポレマルコスの家で行われた対話をソクラテスが一人称で無名氏に語るという設定で叙述されている(2)。

これらのことから、『ティマイオス』の「昨日の話」とは、ソクラテスが『国家』の内容を語っていたことを指していると想定できるのではないか。すなわち、プラトンは『ティマイオス』を執筆する際、ソクラテスが『国家』で前日の対話を語っていた相手はティマイオス、クリティアス、ヘルモクラテス、および名前が言及されていないもう一人の人物であるという設定をしたのではないか。そうだとすれば、『ティマイオス』の対話は『国家』のソクラテスのモノローグの翌日に行われたことになり、『ティマイオス』は『国家』に直接つながる著作として意図されたことになる。――この解釈はなかなか魅力的である。しかし、これにはいくつかの難点がある。

まず、『ティマイオス』の冒頭で語られる国家の話は、『国家』の内容のすべてではない。

正義の定義や魂三分説やイデア論などの重要事項が言及されていないし、国家の話題に限っても、哲人統治論という最重要事項が抜けている。それにもかかわらず、「これで昨日話したとおりのことをすっかり語ったことになるでしょうか。それとも、親愛なるティマイオス、まだ何か語り残したことがあると思いますか」というソクラテスの問いに、ティマイオスは「いいえ、決してそうは思いません。昨日語られたことは今まさにあなたが話したとおりですよ」と答えている（一九A―B）。『ティマイオス』の「昨日の話」はソクラテスが『国家』の内容を語ったのとは別の機会だったとしても不都合はない。ソクラテスが理想的な国家の話をしたのが一度限りだと考える必要はないからである。

さらに、『国家』の対話はベンディス祭の夜に行われたことになっているのに、『ティマイオス』の対話はパンアテナイア祭の日に行われたことになっており（二一A）、時期が合わない。ベンディス祭はタルゲリオンの月（五―六月）、パンアテナイア祭はヘカトンバイオンの月（七―八月）に行われたと考えられるからである。

以上の点から、『ティマイオス』の対話は『国家』の内容をソクラテスが話した翌日に行われたという解釈には無理がある。また、設定年代については、ヘルモクラテスの没年が前四〇八年なので、それ以前ということは言えるだろう。さらにクリティアスの年齢を考慮すれば、遅くとも前四二〇年よりあとではないだろう。他に手がかりが何も記されていないことからすると、本書に関しては、そもそもプラトンは設定年代のことを気にかけていなかったように思われる。

3　執筆時期

今日では、一般にプラトンの著作は前期、中期、後期の三つの執筆時期に区分され、おおよその著作の順番が推定されている。『ティマイオス』は、伝統的に後期（プラトン五五歳頃―八〇歳）の著作に分類される。ところが、かつてオーエンは、『ティマイオス』を『国家』のあとに続き、『パルメニデス』、『テアイテトス』より前に書かれた中期著作に位置づけようとする論文を発表し、議論を巻き起こした。文体論の再検討に加えて、本書に見られる説が他の後期著作の内容と整合しない、というのが彼の主な論拠であった。これに対しては多くの批判が寄せられた(3)が、彼が提起した問題は今日でもすべてが解決されたわけではない。ためらいはあるが、私としては伝統的な説に従い、後期著作とみなしたい（おそらく『ソピステス』、『ポリティコス（政治家）』よりあと、『ピレボス』より前）。

二　執筆の意図と全篇の構成

1　導入部と執筆の意図

すでに述べたように、『ティマイオス』では冒頭の導入部で、昨日の話の要約として、理想的な国家についての話がソクラテスによって語られる（一七C―一九B）。続いて、そのような国家が実際に活動しているところを見たいというソクラテスの要望（一九B―二〇C）に応じて、クリティアスは九〇〇〇年前のアテナイの偉業として、いわゆる「アトランティス物語」をかいつまんで語る（二〇D―二五D）。そして、さらにこれからの話の予告として、まずティマイオスが宇宙の生成から人間の成り立ちまでを論じ、それからクリティアスが昔のアテナイの偉業を詳しく話すことが提案される（二七A―B）。

ここから明らかなように、『ティマイオス』は、『国家』の内容とも共通する理想的な国家の話を受ける形で、『クリティアス』のアトランティス物語に引き継がれるものとして最初から書かれていた。さらに『クリティアス』一〇八Aの記述からは、その続編として、『ティマイオス』におけるソクラテスの対話相手の残りの一人であるヘルモクラテスを語り手とする『ヘルモクラテス』という対話篇が書かれる予定だったことが推測できる。結局、『クリティアス』は未完に終わり、『ヘルモクラテス』は書かれることがなかったが、もともと『ティマイオス』はこれら三部作の第一部にあたる作品として意図されたものであった。

これらのことを踏まえた上で、まずプラトンの『ティマイオス』執筆の意図を確認しておきたい。『ティマイオス』の主題は、冒頭でも述べられているように、宇宙の生成と人間の成り立ちを明らかにすることである。では、そのような著作が理想的な国家のあり方を描くための三部作の第一部として位置づけられたことは何を意味するのか。

『クリティアス』と『ヘルモクラテス』において、どんな議論が展開されるはずだったかは今となっては推測するしかないが、プラトンが考える理想国家については、われわれはとりあえず『国家』の議論を参照することができる。『国家』では、正義の問題から出発して、人間の魂のあるべき姿と国家のあるべき姿が類比的に論じられる（第四巻、四三四D以下、第八巻、五四三A—五七六B）。すなわち、人間の魂には理性、気概、欲望の三種類があり、それに対応して国家の成員にも理性的人間、気概的人間、欲望的人間がいる。この三種類のうちのどれが主導権を握るかによって個人のあり方も国家のあり方も決定されるが、理性が主導権を握っている状態が最も正しいあり方だとされる。この魂の三区分は、『ティマイオス』でも踏襲されている（六九C—七〇C）。『国家』では人間の魂と国家の構成が類比的に語られていたのに対して、『ティマイオス』では人間の構造が宇宙全体の構造と類比的に語られる。宇宙は魂をもった生き物である。われわれの魂の理性的部分は、万有を動かす宇宙の魂と同種のものである（四一D）。「天にある知性の回転運動」である天体の運行は、宇宙を模した球形の頭の中に入れられた、われわれの理性の回転運動の手本となる（四七B—C）。

以上のような国家と人間、宇宙と人間という類比関係を考えるなら、『ティマイオス』の宇宙論は、国家においても個人においても理性こそが主導権を握るべきだというプラトンの主張を正当化するものだと言える。この宇宙は必然や偶然の産物ではなく、理性的な製作者

（デーミウールゴス）によって、理性の対象（イデア）を手本にして、理性的な魂をもつ生き物として構成された、というのが『ティマイオス』の宇宙論の骨子である（二八B―二九B、二九D―三一A、九二C）。もしこのように宇宙が本来理性によって導かれているのだとすれば、それと類比関係にある国家においても、個人においても、気概や欲望ではなく理性が支配することこそが自然にかなった本来の正しいあり方だということになるからである。したがって、『ティマイオス』執筆の最大の狙いも、国家と人間のあるべき姿についてのプラトンの主張を宇宙全体の構造の中に根拠づけることだったと言えるだろう。

2　本論の構成

次に、『ティマイオス』本論の構成を見ておこう。まず、本論の序論部（二七C―二九D）では、神への祈願に続いて、本論全体の枠組みと言うべき、宇宙論の前提となる考え方が語られている。はじめに「存在するもの」と「生成するもの」が峻別される。言うまでもなく、「存在するもの」とは真に存在すると言えるもの、すなわちイデアのことであり、「生成するもの」とは個々の感覚的事物のことである。前者は知性（ヌース）によって把握されるのに対して、後者は思惑（ドクサ）によって感覚の助けを借りて把握されると言われる。これらはイデア論ではおなじみの前提である。

続いて、この宇宙は物体的なもの、感覚されるものであるがゆえに「生成するもの」に属し、それゆえ常に存在していたわけではなく、生成の出発点があるはずだとされる。そこで、この宇宙の生成の原因者として「この万有の作り主にして父」（二八C）の存在が自明のことであるかのように導入され、以降、神が宇宙を製作するという筋書きのもとに、宇宙の成り立ち、人間の成り立ち、物体の成り立ちなどが論じられていく。

ところで、コーンフォードは『ティマイオス』の本論を次のような三部構成とみなした。(4)

一　知性の仕事（二九D―四七E）
二　必然から生じるもの（四七E―六九A）
三　知性と必然の共同（六九A―九二C）

この三部構成は『ティマイオス』を論じる際に今日でもよく用いられるが、これがプラトンの意図したものだったかどうかは疑問である。コーンフォードの言う第一部においても必然はすでに働いているし、第二部においても知性は働いているからである。

本論の主題については、すでに指摘したように、導入部の終わりでクリティアスが、ティマイオスに「宇宙の生成から話し始めて、人間の本性で話を終えてもらいます」（二七A）と述べており、本論の終わりでティマイオスも「今や、万有に関して人間の誕生に至るまでを語るという私たちに最初に命じられたことも、ほとんどその目的を達成したように思われます」（九〇E）と述べている。つまり、ティマイオスの話は、宇宙の生成と人間の成り立ちが二大テーマだと考えられる。宇宙の構成は「神」の仕事であり、人間の構成は「神」が作り出した「神々」の仕事である。内容に則して考えれば、宇宙の構成と人間の構成という二つの主題があって、人間の構成の途中に、コーンフォードが第二部とする物体論が挿入されているとみなすことができる。そこでは、宇宙論にとっても人間論にとっても基礎となる物体の問題が、再び宇宙生成の出発点にまで遡って論じられる。

以上を踏まえて『ティマイオス』全篇の構成と内容を簡単にまとめてみれば、以下のようになる。

導入部（一七A—二七B）

ソクラテスの昨日の話（理想国家）の要約と所感（一七B—二〇C）、クリティアスのアトランティス物語（二〇D—二五D）、これからの予告（二五E—二七B）

ティマイオスの宇宙論と人間論（二七C—九二C）

序　論（宇宙論の諸前提）（二七C—二九D）

一　宇宙の構成（二九D—四一D）

宇宙生成の原因（二九D—三一B）、宇宙の身体（三一B—三四A）、宇宙の魂（三四A—三七C）、時間と天体（三七C—四〇D）、伝統的神々の誕生、神の神々への

指示（四〇D—四一D）

二　人間の構成（四一D—九〇D）

人間の魂（四一D—四四D）、頭、手足、眼（四四D—四六C）、補助原因（四六C—四七E）

〈物体論の挿入〉（四七E—六九A）

理性と必然（四七E—四八E）、場（四八E—五二D）、宇宙生成以前の物体（五二D—五三C）、四物体の構成（五三C—五六C）、四物体の相互転換（五六C—五七D）、動と静（五七D—五八C）、四物体の諸種（五八C—六一C）、感覚的性質（熱、冷、硬、軟、軽重と上下、滑、粗、快苦、味、匂い、音、色）（六一C—六九A）

人間の構成（続き）

魂の死すべき種類、心臓、肺、胃、肝臓、脾臓（六九A—七二D）、腸、髄、骨、肉、腱、皮膚、毛、爪（七二D—七六E）、食物としての植物（七六E—七七C）、体液の流れと呼吸作用（七七C—七九E）、回り押し理論（七九E—八〇C）、成長と老衰（八〇D—八一E）、身体の病気（八一E—八六A）、魂の病気（八六B—八七B）、心身の世話（八七C—九〇D）

その他の生物の発生（女、鳥、獣、魚介類）（九〇E—九二C）

結びの言葉（九二C）

三　宇宙論の枠組みと問題点

『ティマイオス』では、すでに言及したように、「存在するもの」と「生成するもの」という、いわゆるイデア論の図式に宇宙論的な「知性（ヌース）」と「必然（アナンケー）」が重ね合わされ、この対立する二項の図式が一貫した議論の枠組みとなっている（二七D―二八B、四七E―四八A）。そこに、宇宙生成の原因者として「製作者」と呼ばれる神が登場する。

宇宙論全体の序論では、最初に考察すべきこととして、宇宙は「生成の始まりというものを決してもたずに常に存在したものなのか、あるいは何らかの始まりから始まって生成したものなのか」（二八B）という問題が提起され、即座に「生成したもの」だという回答が与えられる。その理由は、宇宙は感覚されるものであり、感覚されるものは生成するものだからだ、と語られている。この個所は、宇宙は過去のある一時点において生じたものなのか、それとも永遠に存在するものなのか――換言すれば、神による宇宙の製作は歴史的事実として語られているのか、それとも説明のための虚構なのかをめぐって、古代から現代に至るまで解釈者たちを悩ませてきた。

続いて、生成したものは何らかの原因によって生成することが必然だと言われ、その原因者として「この万有の作り主にして父」(二八C)がいくぶん唐突に導入され、それは以下の個所で「製作者」(二九A)、「神」(三〇A)と言い換えられていく。「製作者」と訳したギリシア語「デーミウールゴス」は、物を作る職人を指す日常的な言葉だが、プラトンが本書で用いて以来、哲学の文脈では「宇宙を創造した神」を意味するようになった。このデーミウールゴスは、先の二項の図式にあてはめれば、当然ながらイデアと「知性」の側に属することになるだろう。しかし、イデアと「知性」とデーミウールゴスがそれぞれどのような関係にあるのか、明確なことは本書では何も語られていない。

序論では、さらに、この宇宙は生成したものの中で最も美しいものであり、それゆえその製作者は原因者のうちで最善の者であるということから、この宇宙は「理性と思慮によって把握され、同一を保つものを手本(パラデイグマ)にして製作された」のであり、したがって宇宙はその手本の似像(エイコーン)であることが必然だとされる(二九A—B)。このことは、本書の締めくくりの言葉としても再度確認されている(九二C)。イデアと個物に対応する手本(範型)と似像という概念も、イデア論において重要な役割を担っている。

次に、似像に対応する言論(ロゴス)として「もっともらしい言論」ということが論じられる。これについてはすぐあとで検討するが、ここでまず注目すべきことは、今要約した宇宙論の前提となる議論は「もっともらしい言論」として述べられているのではない、という点だ。すなわち、イデア論の前提と、この宇宙は善なる製作者によってイデアの似像として、可能なかぎり最善のものとして作られたという前提は、以降で論じられる個々の自然学的議論と同列のものではなく、プラトンにとって確実なこととして語られているのである。

本論に入ると、神は宇宙の身体の製作に先立って「宇宙の魂」なるものを作る（三四B―三七C）。これもまた、その正体と宇宙における位置づけに関して、後世にさまざまな議論を巻き起こした。そもそもプラトンによれば魂は不死・不滅であるのに、それが生み出されるとはどういうことか。『パイドロス』（二四五C―二四六A）や『法律』第一〇巻（八九三B―八九六C）では自己運動者としての魂が唯一の運動の原因とされているのに、『ティマイオス』では宇宙の生成以前、つまり宇宙の魂が作られる以前に、物体が無秩序に動いていたと語られるが（五二D―五三B）、その運動は何に起因するのか。――これらの問題も、古代から現代に至るまで議論されてきた。さらには、物体を説明するために、「生成するもの」の受容器として「場（コーラー）」が導入される（四八E―五二D）。これも本書にのみ登場する概念で、イデアと生成するものと「場」という三者の関係もイデア論解釈の上で難しい問題を惹起している。(5)

本書にはこれらの他にも解釈上の問題が無数にあるが、ここではとりあえず、本書の宇宙論と自然学全般に関わる問題として、「もっともらしい言論」、「必然」、「場」の三点について若干の考察を加えておきたい。

1　もっともらしい言論

プラトンは本書で宇宙論を語るにあたり、その議論が「もっともらしい言論（エイコース・ロゴス）」にすぎないことを強調している。これは本書の自然学的議論全体の枠組みとなって、議論の途中でも繰り返し言及されている。したがって、プラトンの宇宙論と自然学のあり方を考える場合には、まずプラトン自身が自らの自然学に課した「もっともらしい言論」という規定が何を意味するのかを検討しなければならない。

「もっともらしい言論」は、言論（ロゴス）とはそれが語る対象と同族のものでなければならない、という考え方を前提にしている。したがって、その対象が安定した確固たるものである場合、それを語る言論も安定した不変なものになる。他方、その対象が確固たるものの似像（エイコーン）にすぎない場合には、その言論も似ている（エイコース）にすぎないものになる。「生成に対する実在の関係が、信念（ピスティス）に対する真理にも成り立つ」（二九C）と言われる。「もっともらしい言論」は信念、すなわち思惑（ドクサ）にすぎず、真理、すなわち真の知識（エピステーメー）にはなりえないのである。だから、生成するものを対象とするこれからの議論は、「あらゆる点で完全に整合的で厳密に仕上げられた言論（説明、理論）を与えることができないとしても」、しょせん「人間の本性」をもつわれわれは「もっともらしい言論」で満足しなければならない、と語られる（二九C―D）。プラトンにとって、「生成するもの」を考察の対象とする自然学は、「存在するもの」を考察の対象とする哲学とは異なって、原理的に厳密な学になることができないのである。

以上のことから、自然学が「もっともらしい言論」でしかありえない理由は、その対象と認識主体という二つの面から理解できる。すなわち、その対象が不完全な似像であり、それを認識するわれわれ人間の知的能力も不完全だからである。まずこの二点に関しては異論の余地はないだろう。しかし、具体的な議論の中でプラトンが繰り返し言及する「エイコース（もっともらしい）」という言葉の意味は必ずしも単純一様ではなく、そこには少なからぬニュアンスの違いがあるように思われる。「もっともらしい言論」に関してはさまざまな解釈が提起されてきたが[6]、その解釈の相違も、一つにはプラトンが用いるエイコースの多義性に起因していると言えるだろう。むしろ多くの解釈者たちは、この点をあまり考慮せずに議論しているように思われる。

まず、エイコースという語は「似ている（エオイケナイ）」という動詞の分詞形で、「似ている」、「ふさわしい」、「もっともらしい」、「ありそうな」などの意味がある。元の意味の「似ている」にしても、「実物に近い」という肯定的な意味と、「似てはいるが実物ではない」という否定的な意味の二義性があり、その両者の間にもさまざまな程度の差がありうる。したがって、プラトンが個々の個所でエイコースという語を使うときにも、「真実に近い理論」といった積極的な意味から、「もっともらしい作り話」といった消極的な意味に至るまで、さまざまなニュアンスの違いがありうる。また、エイコースの原義から考えれば、「何に似ているのか」が問われるべきだろう。すなわち、エイコースが語られるとき、それは何に対してエイコースなのかを考える必要がある。

本書の難解さの原因の一つは、さまざまなレベルでの議論が錯綜していることにあると思われる。したがって、個々の議論がどのレベルで語られているのかを見極めることは、無用な混乱を避ける上できわめて重要である。エイコースという言葉の使われ方も、必ずしも一様ではなく、ロゴス（言論、議論、説明）を修飾している場合と、ミュートス（物語）を修飾している場合があり、さらには一緒に用いられている語句からもニュアンスの違いを読み取ることができる。したがって、エイコースという言葉の使われ方は、個々の議論のレベルの相違を考える上でも重要な手がかりになると思われる。

エイコースという語は、本書において全部で二六回使用されている。そのうち、ロゴスを修飾しているもの（八例）、およびロゴスを補って読むべきだと思われるもの（七例）が合計一五例、ミュートスを修飾しているものが三例ある。この他に中性形で単独で用いられているものが八例あるが、そのうち三例は特にエイコース・ロゴスを意識していない慣用的な用法だと思われる。しかし、残りの五例はエイコース・ロゴスとしての自然学の叙述を十分意識した上での「エイコースな事柄」を意味していると思われる。したがって、自然学を意識した上でのエイコースという語の用例は、全部で二三例になる。(7)

以上の結果からまず分かることは、エイコース・ロゴスに比べてエイコース・ミュートスという表現が圧倒的に少ないことである。プラトンは本書の自然学をミュートスよりはロゴスたらしめようとしていたと言えるかもしれない。「物語」と訳した「ミュートス」は「作り話」、「神話」、「伝承」などを意味する語で、ロゴスと対比して用いられることもある。実際、エイコース・ロゴスとエイコース・ミュートスという二つの表現に意味の違いを主張する解釈者は少なくない。しかし、本書の記述を見るかぎり、両者にことさら意味の区別を見出すことは困難だろう。例えば、両方の表現が相次いで用いられている二九C―Dや五九C―Dを見れば、両者は同義だと考えられる。われわれはロゴスとミュートスの違いにこだわる必要はないだろう。

では、次に、本書の具体的な記述にあたって、エイコースのニュアンスの相違を詳しく検討してみよう。以下の引用文では、エイコースが用いられている個所は日本語に訳さず、カタカナで表記する。〔　〕内は原文にない語句を補った個所である。

本論の中でエイコースが最初に語られるのは宇宙論の冒頭であり、これは宇宙の生成に関して語られる唯一の個所である。

①「それゆえ、エイコース・ロゴスに従うなら、このようにして、この宇宙は神の先見の明によって真実に、魂をそなえ、知性をもった生き物として生まれたと言わなければな

りません」(三〇B—C)。

宇宙が神によって作られたことは、エイコース・ロゴスではなく、確実な前提として語られたことなので、ここでのエイコース・ロゴスは、宇宙が魂と知性をもった生き物であるということである。その理由は、神が「本性上最も美しく最も優れた作品を作り上げるため」(三〇B)だったと語られている。

次の個所は、宇宙論の最後である。ここでは、伝統的な神々については、その生まれを知って語ることは人間の力の及ばないことなので、昔の詩人たちの言葉をそのまま信用しなければならない、と言われる。

②「だから、たとえ彼らが語ることに、エイコース(・ロゴス)や必然的な証明がなかったとしても、神々の子供たちを信じないわけにはいきません」(四〇D—E)。

ここでは「必然的な証明」と並べられていることから「エイコース」に「ロゴス」を補う。伝統的な神々について詩人たちが語ることは、エイコース・ロゴスではないことが示唆されている。

次は、人間論の中で魂の記述を中断して身体の構成に移る個所である。

③「そして、それらに先立つこと、すなわち身体の各部分ごとの成り立ちについて、また魂について、それらがどんな原因と、神々のどんな先々への配慮によって生じたのかを、私たちは何よりも、エイコース〔・ロゴス〕にしがみついて、その方針をたどりながら詳論しなければなりません」（四四C―D）。

物体論の挿入部分はあとまわしにして、まず人間論の部分を見ることにする。魂の死すべき種族と内臓の諸器官が語られたあとに、真実が語られたとは神の同意を得て初めて言えることだとされる。

④「しかし、少なくとも私たちによってエイコースなことが語られたということは、今でも危険を冒してでもあえて主張すべきですし、また、さらに考察を加えた上なら、なおさらそうです」（七二D）。

この言葉は③の個所に対応すると考えられる。したがって、③のエイコースと④のエイコースはほぼ同じ意味であり、両者に挟まれた部分の人間論の記述もほぼ同じレベルでの議論だとみなせるだろう。

人間論の最後の部分で、輪廻転生によって人間の男以外のさまざまな生物が生まれる個所でも、エイコース・ロゴスが語られる。

⑤「男に生まれた者のうち、臆病で、人生を不正に過ごした者は、エイコース・ロゴスに従えば、第二の誕生において女に生まれ変わりました」（九〇E―九一A）。

男のうち不正な生き方をした者が女に生まれ変わるということは、四一D―四二Dで神が語る定めの中でも言われている。すなわち、ここでのエイコースは、神の摂理としてエイコースなのである。

ここまで見てきたエイコースに共通することは、②を除けば、どれもが神の善性とその摂理に対してエイコースである、という点である。神の知性はわれわれ人間の理解を超えているという点では、これらについての議論はいずれもエイコースたらざるをえない。善なる神が宇宙を作ったということは、エイコース・ロゴスではなく、本書の自然学全体の大前提である。その前提に対するエイコースさという点では、これらの議論は大枠としては同じレベルで語られていると言えるだろう。すなわち、それは目的論的な原因説明のレベルであり、その正当性（エイコース性）は大前提としての神の善性によって支えられているのである。

ただし、個々の議論、特に人間論の中で人体の物理的メカニズムを四物体の粒子レベルで説明する個所、例えば視覚の説明（四五B―四六C）、体液の流れと呼吸の説明（七七C―七九E）、回り押し理論（七九E―八〇C）などは、明らかに物理的な補助原因のレベルである（補助原因については次節を参照）。

次に物体論の部分を見ていこう。エイコースが最も多く使われているのが、この部分である（一六回）。まず冒頭で、物体の真のアルケーを語ることの困難さが指摘され、物体論もエイコース・ロゴスであることが語られる。

⑥「むしろ、はじめに言われたこと、すなわち、エイコース・ロゴスの本領をしっかり守りながら、誰にも劣らず、以前にもまして、エイコース〔・ロゴス〕を、はじめから、各々についても全体についても語るように努めましょう。それでは今も、話のはじめに、奇妙な普通でない話からエイコースなことに基づいた結論へと私たちが無事にたどりつけますようにと救い手たる神にお祈りした上で、再び語り始めることにしましょう」（四八D―E）。

次には、四物体を幾何学的に構成するにあたって、三角形を物体のアルケーだと仮定する個所でこう語られる。

⑦「そこで、私たちは必然性をともなったエイコース・ロゴスに従って進みながら、これが火や他の物体の始原（アルケー）だと仮定します」（五三D）。

ここでは、物体を立体↓平面↓三角形↓直角三角形と幾何学的に分析していき、最後にたどりついた直角三角形を物体のアルケーだと仮定している。したがって、ここで言う「必然性」とは、幾何学的な確実性、明証性のことを意味していると考えられる。

次は、宇宙は一つか多数かという問題が提起される個所である。

⑧「いずれにせよ、私たちの意見としては、エイコース・ロゴスに従って、宇宙は本来一つの神であると宣明します」（五五D）。

続いて、四つの正多面体を四物体に割り当てる個所である。

⑨「それゆえ、土にこの形を割り当てれば、私たちはエイコース・ロゴスを守ることになりますし、また、水には残りのもののうち最も動きにくい形を、火には最も動きやすい形を、空気にはそれらの中間の形を割り当てれば、エイコース・ロゴスを守ることになるのです。〔…〕かくして、正しい議論とエイコース〔・ロゴス〕に従って、ピラミッ

ド形になった立体が火の構成要素にして種子であるとしましょう」（五五E—五六B）。

ここでは、正多面体をその動きやすさ、安定性、大きさ、形状から考えて、それぞれを土、水、火、空気に割り当てているが、そのことはエイコース・ロゴスであると同時に必然であるとも言われ（五五E、五六A）、エイコース・ロゴスは「正しい議論（オルトス・ロゴス）」（五六B）と併置されている。

この個所にすぐ続いて四物体の相互転換が語られるときにも、前置きとしてこう語られる。

⑩「さて、以上の種類のものについて私たちが語ったすべてのことからして、次のようなことが最もエイコースなことでしょう」（五六C—D）。

次は、自然の多様性の説明として、四物体の粒子にはそれぞれ大きさの違いがあることが述べられる個所である。

⑪「実際、自然についてエイコース・ロゴスを適用しようとする人は、この多様性を観察しなければなりません」（五七D）。

これは、自然の多様性という観察される事実に対してエイコースである、という意味である。

次は、自然界にあるさまざまな物質を四物体それぞれのさまざまな種類によって説明する個所である。

⑫「さて、これら以外の他のことを、エイコース・ミュートスの類を追究しながら、さらに数え上げるのは、少しも面倒なことではありません。人が休息のために永遠に存在するものについての議論をお預けにして、生成についてのエイコース〔・ロゴス〕を検討することで後悔することのない快楽を得るなら、生活の中で節度ある知的な遊びをすることになるでしょう。そのように、今も私たちは手綱を緩めて、このあとも同じ事柄について引き続き、エイコースなことを以下のように述べていきましょう」（五九C―D）。

二番目のエイコースは、原文では直前に「ロゴス」の語（「議論」と訳した）があることから、ロゴスを補って読むべきだと思われる。すると、ここではロゴスとミュートスが並置されていることになる。しかも、それは「遊び」とされている。したがって、ここでのエイコースには、いくぶん消極的な意味合いが感じられる。この部分は一種の博物学的記述であり、観察される事実に対してエイコースであるという点では、⑪と共通する。

最後は、感覚対象としての色の説明の部分である。

⑬「だから、色については、以下のように述べるのが、いちばんエイコースなことで、ふさわしい議論にかなったことでしょう」（六七D）。
「それらについては、どんな必然性も、エイコース・ロゴスも、控えめに言うことさえも、できないことでしょうから」（六八B）。

「ところで、その他の色についても、どんな混合になぞらえれば、エイコース・ミュートスを無事に守りきれるかは、以上のことからほとんど明らかです」（六八D）。


色に関する考察もエイコース・ロゴスではあるが、その配色と比率を正確に知ることは人知を超えており、そのような議論はエイコース・ロゴスとしても不可能だと言われている。

以上に見てきたように、「エイコース」という語はいくつかの異なった意味合いで使われているが、それらは以下のようにまとめることができるだろう。

まず、すでに指摘したように、宇宙論と人間論で言及されるエイコース（①～⑤）は、②を除けば、いずれも神の善性と摂理に対するふさわしさであり、その議論は目的論的な原因説明のレベルである。議論の正しさ（エイコースさ）を支えるものは、大前提である神の善性である。

それに対して、物体論の議論は全体としては物理的メカニズムを説明する補助原因としてのレベルだと言える。しかし、物体論で言及されるエイコースにも、かなりの相違がある。まず、エイコースという語は、しばしば「必然」と並べて使われている（②、⑦、⑨、⑬）が、特に肯定的な意味で使われている⑦と⑨では、その必然性とは幾何学的な確実性、明証性の意味に解することができる。すると、四物体を幾何学的な構成によって説明する議論⑦、⑨、⑩におけるエイコースさとは幾何学的な必然性に対する「近似性」と解することができるだろう。

これに対して、⑪、⑫、⑬の議論は、⑦、⑨、⑩の議論を前提にしてはいるが、そこで言われるエイコースさとは理論が観察される感覚的事実にうまく照応し、整合的であるという意味だと考えられる。このエイコースさは、⑦、⑨、⑩でのエイコースさとは明らかにレベルが異なる。⑦、⑨、⑩では、議論の正しさ（エイコースさ）を保証するものは幾何学の確実性だったが、⑪、⑫、⑬では感覚的事実に基づいて、そのエイコースさが判定されるからである。したがって、議論の確実性、積極的な意味でのエイコースさという点では、前者のほうがまさっていると言える。前者は非感覚的なミクロのレベルでの議論であるのに対して、後者は感覚的なマクロのレベルでの議論である、と言うこともできるだろう。

また、⑧では、宇宙の単一性がほとんど議論されることなしにエイコース・ロゴスであるとされている。ここにおけるエイコースの使用は、煩瑣な議論を回避するためであるように思える。ただし、それは他の説をすべて排除する独断とは異なる。この個所でも、「とはいえ、他の人はおそらく他の点に目を向けて他の意見を抱くでしょうけれども」(五五D)と言われ、他の説にもそれなりの論拠があることが示唆されている。ここで宇宙の単一性がエイコース・ロゴスだと言われているのは、むしろ控えめな言い方であり、自説の仮定性、暫定性の表明でもあると思われる。

議論の仮定性、暫定性という点は、本書の自然学全体に見られる特徴である。例えば、物体論の要である二つの直角三角形を物体のアルケーとして選び出す個所でも、「だから、もし物体を構成するのにもっと美しいものを選び出して言うことができる人がいれば、その人は敵としてではなく味方として勝利することになるでしょう」(五四A)と語られている。エイコース・ロゴスには常により優れたエイコース・ロゴスがありうるのであって、まさにプラトンが本書で目指したことも、誰にも劣らず、よりいっそう優れたエイコース・ロゴスを語ることであった(四八D)。この理論の仮定性、暫定性は、自然学が厳密なロゴスたりえず、エイコース・ロゴスたらざるをえないという制約に由来することではあるが、エイコース・ロゴスが含意する重要な意義の一つであり、すべての用例に共通していると言えよう。

以上のことからエイコース・ロゴスが意味するところをまとめれば次のようになる。

まず、すべてに共通することとして、次の三点を挙げることができる。これらのことは従来から多くの研究者たちが指摘してきた。

(1)神ならぬ人間の知的限界に由来する制約
(2)イデアの似像としての対象に由来する制約
(3)理論の仮定性、暫定性

さらに、エイコース・ロゴスには、大別して次の三つのレベルの相違を読み取ることができる。これらは従来見逃されてきた点である。

(1)神の善性とその摂理に対するふさわしさ（①、③、④、⑤）
(2)数学的必然性に対する近似性（⑦、⑨、⑩）
(3)観察される現象に対する整合性（⑪、⑫、⑬）

もちろん、この区別は相互排除的なものではない。むしろ、(2)は(1)によって正当化され、(3)の議論は(2)を前提にしているという階層的構造になっている。したがって、(2)のレベルでは常に⑴のレベルが前提とされており、⑶のレベルでは常に⑵のレベルが（したがって、⑴のレベルも）前提されている。なお、これらのいずれにも分類されていない②、⑥、⑧の用例に関しては、⑥は具体的用例というよりも、物体論全体に関して序論部で述べられた総括的な意味でのエイコース・ロゴスが確認されている個所である。②では自説ではなく詩人たちが語る伝統的な神々の説に関して用いられており、⑧では煩瑣な議論を棚上げするために使われている。これらは特にレベルの区別を問わない用例である。

以上のことを踏まえて、本書における自然学のあり方を要約すれば、以下のようになる。まず、宇宙を構成した神の善性と、存在と生成、手本（範型）と似像、イデアと感覚的物体という存在論的区別は、自然学においても確実なこととして前提とされる。この宇宙と人間は神が善を目指して目的論的に秩序づけたものであり、その神の善性こそが、すべての存在の真の原因である。しかし、その実現には素材としての物体が必要不可欠であるため、真の原因を探求するためには物理的メカニズムの探求も不可欠である。神の善と摂理を正確に知ることは人知を超えるゆえにエイコースたらざるをえないが、物理的メカニズムを知ることも、その対象の不安定性ゆえにエイコースたらざるをえない。

そこでプラトンは、そのエイコースさをできる限り真実に近いものにするために、感覚的物体を非感覚的なレベルで解明しようとする。すなわち、物体にミクロのレベルでの幾何学的な構造を仮定する（数学的必然性に対するエイコースさ）。これはピュタゴラス派とも原子論者とも一線を画する画期的な試みである。このようなアプローチの正当性は、究極的には神の知性が物体を秩序づけたとする前提に存する（神の善性に対するエイコースさ）。しかし、同時にその正当性は観察される事実との照合によっても検証される（感覚的事象に対するエイコースさ）。これらのことは、感覚的事象に必然的につきまとう偶然的・不確定的要因をできるかぎり排除し、自然界を数学的必然性に則して理解しようとする試みであると同時に、偶然が支配しているかに見える物理的事象を神の知性による目的論的秩序のうちに組み入れようとする努力でもあった。

2 必然

プラトンは、物体の問題を論じるにあたって、はじめに次のように述べている。

さて、今まで述べてきたことは、わずかなことを除いて、知性によって製作されたものを示してきました。しかし、必然によって生じるものについても、議論によって提示しなければなりません。なぜなら、この宇宙の生成は、必然と知性の結びつきから両者が混ぜ合わされて生み出されたものだからです。ただし、知性が必然を説得し、生成するものの大部分を最善へと導くことによって、知性が必然を支配しました。このようにして、これらの原則に従って、必然が思慮ある説得に屈服することで、この万有は最初にこのように構成されました。だから、もしどのように万有がそれらの原則に従って生じたのかをありのままに語ろうとするなら、さまよう原因の種類をも混ぜて、それが本来どのように運動を引き起こすのかを語らなければなりません。(四七E―四八A)

ここで「必然によって生じるもの」と言われているのは、以下で物体の成り立ちが詳論されることから、端的に言えば物体を意味していると考えられる。他方、「必然（アナンケー）」と対比して語られている「知性（ヌース）」とは、ここまで神による宇宙の製作と、その神の命を受けた神々による人間の製作が語られてきたことから考えれば、デーミウールゴスとしての神を表していると考えられる。次に、この宇宙は「必然」と「知性」の結合から生じたと言われていることも、宇宙の成り立ちには材料としての物体と製作者としての神が必要であることを考えれば理解できる。

しかし、ここで「必然」は「さまよう原因」と呼ばれ、「知性」によって「説得」されるものと言われている。このことは、われわれには意外に思われるのではないだろうか。なぜなら、われわれは通常「必然」という言葉によって、ある一定の法則性をもった因果関係の規則的な連鎖を思い浮かべるからである。だから、物体の作用が「必然」と言われることには何ら抵抗はない。まさにそれを見出して定式化したものが、自然科学の法則である。しかし、そのような意味での「必然」は、プラトンが言うように「さまよう」ものとは考えられない。また、物体の必然性は損なわれることのない原因と結果の連鎖によってすべての事象の行方を決定するものだとするなら、それはいかなる「説得」も受け入れるものではないだろう。

しかし、ここで気をつけなくてはならないのは、このような疑問を抱くとき、われわれはすでにここで問題になっている「必然」の解釈に、近代自然科学的な意味での物理法則としての「必然性」という観念を持ち込んでいるということである。このような傾向は、近代の解釈者たちの間にもしばしば見られる。例えば、一九世紀末のアーチャー＝ハインドの解釈などは、そのよい例だ。彼は、プラトンにおいて運動の唯一の原因は魂であるという前提から、「必然」を「知性」から独立した力を意味するものではないと解釈し、それを「知性」に由来する物理的法則と同一視しようとする。それが「さまよう原因」と言われる理由は、全知ではないわれわれはその込み入った因果関係を知ることができないからだという(8)。

テイラーは、このような解釈を批判して、「必然」は自然科学的な法則を意味するものではないとしながらも、結論としてはアーチャー＝ハインドと同様に、それが「さまよう原因」と呼ばれる理由をわれわれの無知に帰している。すなわち、彼は「必然」を、自然の中でその合理的関係を見て取ることができない事象、われわれにはその目的が理解できない事実として解釈する。したがって、感覚的な世界については完全な知識はありえないという保留をつけながらも、われわれの知識が完成すれば、説明できない単なる事実としての「必然」は消滅すると言う[9]。

しかし、「必然」は、決してわれわれの知的限界に由来する「知性の仮の名」ではなく、コーンフォードも両者を批判して指摘しているように、あくまで物体自身の特性であり、デーミウールゴスの善を目指す目的を制限するものだと思われる。では、いったいプラトンはどうして「必然」を「さまよう原因」と呼ぶのか。われわれは、プラトン自身の記述に基づいて検討しなければならない。

まず、「必然」が語られる直前の四六C―四七Aでは、視覚についての物理的メカニズムの説明のあとを受けて「補助原因（シュナイティア）」が論じられている。物理的メカニズムは真の原因ではなく「補助原因」にすぎない、と言うのである。ここで言われている「原因」と「補助原因」の区別は、すでに指摘したように「知性」と「必然」に対応させることができる。このような考え方は、すでに『パイドン』（九七B―九九C）でも提唱されていた。

本書では、さらに「補助原因」は「冷やしたり、熱したり、固まらせたり、溶かしたり、その他そのような作用を及ぼすもの」（四六D）、あるいは「他のものによって動かされ、また他のものを必然的に動かすようなもの」（四六E）と言われている。これは明らかに物体のことである。しかも、それは「いかなる理性も知性も」もつことができず、「思慮から切り離されて、でたらめなものを無秩序にその時々に作り出すような原因」（四六D―E）と言われる。すなわち、物体の作用あるいは運動は「知性」をもたないので、でたらめで無秩序なものとされているのだ。すると、「必然」も、われわれが通常考えているように「偶然」と対立するものではなく、むしろ「偶然」を含意するものとみなされていることになる。

実際、例えば『法律』第一〇巻（八八九Ｃ）でも、「必然」は「技術（テクネー）」に対立するものとして「偶然（テュケー）」と同義に用いられているし、アリストテレスも『自然学』第二巻第五章で「必然」を「偶然」や「自己偶発（アウトマトン）」と同義に用いている。古代ギリシアの自然学では、必然の支配する物体の世界としての自然界は、今日われわれが考えるような意味での法則が支配する領域ではなく、むしろ偶然の産物と考えられていた。原子論者が言う「必然」も、法則や秩序と結びつくものではなかった。確かに、原子の運動はどれもがそれに先行する原子の運動によって決定されているとは言えるが、その因果系列を支配するものは、定式化できる普遍的な法則ではなく、むしろ盲目的な強制力として捉えられていたと思われる。それが「必然」と言われるのは、余儀なく強制的に生じる、という意味においてである。

このように、「必然」と「偶然」が対立する概念ではなく、むしろ一致する面をもっていたとすれば、プラトンが「必然」を「さまよう原因」と呼んだことも理解しやすくなるだろう。「知性」をもたない物体の作用力としての「必然」には、目的をもった運動を作り出すことはできない。この無目的性という点で、「偶然」との一致は明らかであろう。

このように、物体の世界は無目的な「必然」に支配されているが、他方、この宇宙には美しい秩序がある。したがって、原子論者が言うように「必然」によってこの秩序ある宇宙が生じたとはとうてい考えられない、というのがプラトンの主張である。この世界は「必然」や「偶然」によって生じたのか、あるいは神または「知性」によって支配されているのか、という問題はプラトンにとって重要なテーマであり、後期対話篇でしばしば論じられている(11)。

プラトンは、このような「必然」を「補助原因」として、「知性」の支配のもとに組み込もうとした。「知性は必然の支配者である」とか「必然は思慮ある説得に屈伏する」と言われているのは、まさにこのことを意味している。「補助原因」としての「必然」とは、「それがなくては〔真の〕原因が原因たりえないもの」(『パイドン』九九B)であり、なくてはならないものとして「必要なもの」である。その意味では、物体とその作用力、あるいはメカニズムは、宇宙にとってなくてはならないものである。しかし、「必要なもの」とは、常に他の「何かのため」に必要なのであり、その点ではその「何か」に従属するものと言える。すなわち、物体とそのメカニズムは、宇宙にとって、宇宙が最善の仕方で存在するために「必要なもの」である。ところが、多くの者は「必要なもの」ばかりを探求して、それがいったい「何のため」であるのかという肝心な点を看過している。「補助原因」の探求は、真の原因を正しく知るためにこそ「必要なもの」なのである。また、「何のため」かを見極めなければ、それにとって「必要なもの」も正しく知ることはできない。このことからも、宇宙を最善の仕方で秩序づける「知性」に「必然」が「補助原因」として従属するというのは、プラトンにとって当然のことであった。

例えば、視覚を説明するのに光学的なメカニズムを述べるだけでは真の説明にはならない。そのようなメカニズムがいったい「何のため」に存在するのかを問わねばならない。プラトンによれば、その目的は、天にある「知性」の回転運動（天体の運行）を観察して、これと同族ではあるが乱れた状態にあるわれわれの思考の回転運動を立て直すためであり、神はまさにそのために視覚のメカニズムを考案して、人間に与えたのである（四六E—四七C）。

さて、このような「補助原因」としての「必然」を利用するにあたって、「知性は必然を説得する」と言われる。これはどういう意味だろうか。すなわち、盲目的な作用力をもつ物体を、「知性」はいかにして善を目指すその目的に役立てることができるのか。これはまず、われわれ人間が自然物を利用する場合と類比的に考えることができるだろう。例えば、火はそばにあるものを燃やすという、それ自身の特性をもっている。われわれは、それを調理や暖房に役立てることができる。しかし、火の作用力は、われわれの意図とは無関係に働くので、そばにあるものが何であろうと、必ずそれを燃やす。そのため、われわれは意に反して火傷をしたり、火事を起こしたりすることもある。このように、物体は善悪に関係なく固有の必然的な作用力をもっているが、そのつど目的に応じて、それぞれの配置などを工夫することによって、目的に役立てることができる。ただし、宇宙の製作者としての神がわれわれ人間の製作者と大きく異なる点は、神は物体そのものをも秩序づけたとされている点である（五三B、五六C）。原初の物体を「神が最初に形と数で形作った」（五三B）と言われている。その意味では、「知性」による説得の最初の作業は、物体に幾何学的な構造と数的な比率と均整を与えることだったと言える。

また、物体の必然的な作用力は、目的の実現に役立つだけでなく、それを制限するという面もある。「知性」は「必然」を完全に説得することはできない。それゆえ、「すべてを」ではなく「大部分を最善に導く」と言われていたのである。言うまでもなく、本書のデーミウールゴスは、すべてを無から創造する全能の神ではない。宇宙の構成に先立って、すでに物体は存在していた（三〇A、五二B—五三B）。その与えられた素材を使って秩序ある世界を作ることが、デーミウールゴスの仕事である。したがって、人間の製作者が材料によって制約されるように、デーミウールゴスの善を目指す秩序づけも、素材のもつ「必然」によって制限されざるをえない。

例えば、骨は身体を支えたり、その中の髄を保護したりするためには、硬くなければならない。しかし、その役に立つ硬さには、必ず好ましくない性質である脆さがともなう。このように硬さに脆さがともなうことは、物体にとって「必然」であり、それは神にとっても、いかんともし難い（七四A―B）。

あるいは、「必然から生じ、それとともに養われる自然は、稠密な骨と多量の肉と同時に鋭敏な感覚が共存することを決して受け入れない」（七五A―B）。それゆえ、頭を十分に保護し、寿命を延ばすことと、頭に鋭敏な感覚を与えることは両立できない。そこで選択を迫られた神は、長くても劣った生涯より、短くても善い生涯を選ぶことになる（七五A―C）。すなわち、神は頭の安全性のために不可欠な条件と、頭の鋭敏さのために不可欠な条件との間での選択にあたって、より善いほうを選ぶことにより、もう一方を犠牲にせざるをえなかったのである。

物体に固有の性質である「必然」は、それを利用できるだけであって、神もそれを思いどおりに変更することはできない。それゆえ、「必然」は、神が宇宙を構成する際に直面した物体に由来する完全には「説得」できない要因である。したがって、「必然」に由来する不完全性は、現在のこの世界にも存在し、「必然」は現在でもその力を発揮し続けている。その意味では、われわれもデーミウールゴスと同様に、常に「必然」に直面しているのである。それゆえ、われわれもデーミウールゴスのように、その行為を「必然」によって制限されながらも、理性によって「必然」を説得し続けなくてはならない。すなわち、究極的な善を目指して、理性によってより善いことを選択し続けなくてはならないのである。

以上のことから明らかなように、「必然」とは「知性」とは独立した物体がもつ固有の性質と、それに起因する物理的・機械的な作用を及ぼす力だと言える。それは宇宙を構成する際に必要な素材に、不可避的にともなうものである。「知性」をもたない物体の作用力は、目的を欠いた不規則で無秩序な「さまよう原因」である。また、それは世界をできるだけ善いものにしようとする神の目的に利用されるかぎり、必要不可欠な「補助原因」でもある。しかし、神もそのすべてを善へと導くことはできないがゆえに、「必然」は世界の不完全性の原因でもある。もちろん、「必然」に由来する不完全性は、神の責任ではない。その意味では、善なる神とこの世界の明白な不完全性というディレンマは「必然」の導入によって回避されていると言うことができる(12)。

3　場

宇宙の生成を明らかにするためには、「知性」によって作られたものの他に「必然」によって生じるものも語らなければならないということから、議論はいよいよ物体（ソーマ）の問題に移る。物体というのは、具体的には土、水、空気、火のことである。この四つのものをあらゆる物体の構成要素とすることは古代ギリシアの伝統的な考え方であり、この見解は近代まで受け継がれていく。ただし、プラトンは、これらの四物体を万有の構成要素（ストイケイア）や始原（アルケー）とすることを批判している（四八B―D）。物体の構成要素あるいはアルケーの問題は、そこではとりあえず保留されるが、のちには直角三角形をアルケーと仮定して、四物体の幾何学的構造が語られる（五三C以下）。

「存在するもの」と「生成するもの」の区別は本書の議論に一貫した前提だが、四八Eではこれら二つに加えて、第三のものを区別しなければならないと言われる。つまり、物体の問題を論じるためには、これら二つのものでは不十分で、第三のものを明らかにしなければならないという。この第三のものが、のちに「受容器（ヒュポドケー）」あるいは「場（コーラー）」と呼ばれるものである。しかし、これは「厄介で不明瞭な種類のもの」（四九A）で、これを明らかにするためには四物体についての難問をあらかじめ提起しなければならないとされる。すなわち、「どのようなものを火よりもむしろ本当に水と言うべきか」（四九B）、つまり、どのようなものを火や水などという他のものと区別できる一定のものを示す名で呼べば、「何か信頼のおける確実な言葉を使ったことになるのか」（四九B）という言葉とその対象の問題である。というのも、われわれが今「水」と呼んでいるものも、凝固すれば石や土になるし、分解すれば風や空気になるし、さらに稀薄になれば火になるというように、これらは常に相互に変化してやむことがないからだと言われる。この問題に対するプラトンの回答である四九D―五〇Aの個所にはさまざまな読み方と解釈が提起されているが、私の訳はおおむねチャーニスの読み方に従った[13]。その議論は、おおよそ以下のようにパラフレーズできるだろう。

流動する現象としての火、空気、水、土は、厳密な意味ではそれぞれを区別して名づけることができない。なぜなら、それらは常に相互に変化しているからであり、「これは……である」と言うことによっては、その流動のどの局面をも他から区別することはできないからである。それにもかかわらず、われわれは通常、何か確固不動たるものを指しているかのように「これ」とか「それ」という言葉を使って、流動の一局面にすぎない、その場に現れているものを指しながら、「これは火である」などと言って、何か他と区別された一定のものを示していると思っている。それは不適切な言い方である。このように不適切に使われているそれぞれの名前（火、水など）は、現象の生起において、「いつでも同じようなものとして繰り返し現れる『そのようなもの』」（四九E）を指すものとして使うべきである。「そのようなもの」とは、それぞれの物体に固有の感覚的性質であり、それはいつでも同じ場所に止まっているのではなく、常に現れては消える束の間のものにすぎないが、それ自体は同じものとして繰り返し現れるもので、他の感覚的性質と区別できる。それを例えば火と名づけるなら、その名称とそれが指し示す対象はいつでも正しく対応することになる。火や水といっても、火や水という確固不動たる実体的な「物」がそこにあるのではなく、例えば火なら、熱くて明るくて軽いといった一定の感覚的性質が現れているのである。

　このように火や水が現れては消える一定の感覚的性質にすぎないとすれば、そのような性質の担い手となるもの、「それらの各々がいつもその中に生じては現れ、そして再びそこから消滅していくところの当のもの」（四九E―五〇A）の存在が考えられなければならない。これこそが、そしてこれのみが、厳密な意味で「これ」とか「それ」という言葉で呼ばれるべきものである。これがすなわち、イデアと「生成するもの」とは別の第三のもの、すなわち「受容器」あるいは「場」にほかならない。そして、今度は逆に、それを熱いとか白いといった性質として、あるいはそれらの性質から合成されたものとして呼んではならない。われわれが「これ」とか「それ」と言うことによって指し示しているものは、実はこの恒常不変で無性質な「場」にほかならない。この「場」の中で、一定の感覚的性質が現れては消えていくのである。このように一定の性質に注目し、それをその「受容器」である「場」と区別することによって、流動する現象としての物体は初めてそれぞれを区別して命名することが可能になる(14)。

つまり、「場」の役割とその存在の必要性を説くためには、物体の構成要素である火や水を実体的な「物」から感覚的性質へと還元することが必要だったのだ。プラトンがこのような議論を挿入した意図もそこにあったと考えられる。

さて、いよいよ第三のものである「場」の考察に移るが、まずは本書の記述をひととおり見ておこう。五〇B―五一Bで「場」の特徴が述べられている。要点を列挙すれば、以下のとおりである。

①いつも同じ名前で呼ばれ、自分自身の特性（デュナミス）から離れることがない。
②あらゆるものを受け入れながら、中に入ってくるいかなるものとも似た姿をとることがない。
③刻印が捺される台地（エクマゲイオン）のようなもの。入ってくるものによって動かされ、形づけられ、その時々に違った外観を呈するもの。
④生成がその中で行われるもの。
⑤父であるイデア、子である「生成するもの」に対する、母にあたるもの。
⑥それ自身はあらゆる姿を欠いた形のないもの。
⑦火、水、空気、土のいずれでもなく、これらから構成されたものでも、これらの構成要素でもない。
⑧きわめて理解困難な仕方で知性の対象に与るもの。
⑨その点火された部分が火として現れ、液化された部分が水として現れるもの。

ここで特に強調されているのは、「場」はそれ自体まったく無形、無性質のものだということである（②、⑥、⑦、⑧）。「場」は「生成するもの」とは違って、恒常不変でそれ自身の特性をもつものではあるが（①）、イデアの似像を受け入れることによって、さまざまな外観を呈するためには、それ自体はどんな形も性質ももっていてはならない。「点火された部分が火として現れ」るといっても、「場」そのものが火になるわけではない。「場」は火の素材でも構成要素でもない（⑦）。むしろ、火などの物体を構成するものは感覚的性質であり、「場」はそのようなさまざまな性質を受け入れながらも、その基底にあくまで無形、無性質のものとしてとどまる。

⑤の記述も、これと関連させて考えることができる。つまり、古代ギリシアでは、一般に、子の真の親、真の原因者は母親ではなく父親（精子）だと考えられていた。母親は父親から精子を受け取り、それを養い育てるにすぎない。例えばアリストテレスも、精子は子の形相因、始動因にあたり、母親（月経）は質料因にあたると考えていた⑮。それゆえ、四九Aや八八Dでも、「場」は端的に「親」とは言われずに、「乳母」や「養い手」と言われているのである。⑤の記述にもこのような含意があるとすれば、それはそのままイデアと「生成するもの」と「場」の関係にもあてはまる。すなわち、「生成するもの」は確かにその母あるいは養い手である「場」なしには存在しえないが、その真の原因者は「場」ではなくイデアなのである。

⑧の記述にはコメントを要する。というのも、私が「知性の対象に与る」（五一A―B）と訳した原文の metalambanon … tou noētou は、解釈によっては「知性の対象（＝イデア）を分有する」とも訳せるからである。アリストテレスは、この個所をまさにそのように解していたと思われる。彼は『自然学』第四巻第二章（二〇九b）において、「プラトンは

『ティマイオス』の中で質料（ヒューレー）と場を同じものだと言っている」と述べ、その理由として「なぜなら、分有するもの（metalēptikon）と場とは一つのものであり、同じものだと言っているのだから」と述べている。実際、プラトンの著作の中ではアリストテレスが使っているmetalēptikonという語は一度も使用されていないことからも、アリストテレスのこの記述は本書のこの個所に言及したものである可能性が高い。しかも、アリストテレスは、『自然学』のすぐあとの記述からも明らかなように、metalēptikonという語を「イデアを分有するもの」という意味で使用している。しかし、このような解釈は明らかに不当である。「場」がイデアを分有するとは本書のどこにも述べられていない。「場」の中に現れるものはイデアではなく、あくまでイデアの似像であって、この点はプラトンも強調している（五二A、C参照）。したがって、「知性の対象に与る」というのは、「場がイデアを分有する」という意味ではない。この記述は、少しあとで「感覚によらずに何らかの非嫡出の理性の働きによって触れられるもの」（五二B）と言われているのと同じことを意味している。すなわち、「場」は感覚の対象ではなく知性の対象だと言っているのである。

続いて多少唐突に「それ自身だけでそれぞれのものとしてある」（五一C）もの、すなわちイデアが本当に存在するのか、あるいは感覚的事物のみが存在するのか、という問題が提起され、イデアの存在が確認される（五一B―E）。続いて話題を元に戻して、イデアと「生成するもの」と「場」が対比的に語られる。それぞれについて、(a)存在様式、(b)他者との関係、(c)認識方法の順で要点を列挙すれば、次のようになる。

［イデア］

(a)同一を保つ形相、不生、不滅。

(b)自分の中によそから他のものを受け入れることもなく、自分がどこか他のものの中に入っていくこともない。

(c)非感覚的、知性の対象。

［生成するもの］

(a)イデアと同じ名前で呼ばれ、イデアに似ているもの。感覚されるもの、生じるもの、常に動いているもの。

(b)ある場所に生じては再びそこから去っていくもの。

(c)感覚とともに思惑によって捉えられるもの。

［場］

(a)常に存在する「場」の種類、消滅を受け入れないもの。

(b)生成するすべてのものに居場所を与えるもの。

(c)感覚によらずに何らかの非嫡出の理性の働きによって触れられるもので、かろうじて信じられるもの。

ここではイデアと「場」の相違に注目すべきだろう。まず、(a)に関しては、「場」もイデアと同様に、常に存在するもの、消滅することのないものと言われている。しかし、もちろん「場」はイデアの一種ではない。両者は常に区別されている。「場」はときには eidos とも言われているが（四九A、五二A）、言うまでもなくその場合の eidos はイデアを意味するのではなく、「そういった類のもの」というほどの意味である。他方、(b)の点では、両者の相違は決定的である。「場」は「生成するもの」を受け入れることがその役割であるのに対して、イデアは他のものを受け入れることも、他のものの中に入っていくこともない。(c)については、同じ点と違っている点がある。イデアと「場」は、両者とも「生成するもの」のように感覚の対象ではなく、知性の対象である点は同じである。しかし、その認識のされ方については、「場」はイデアと違って「非嫡出の理性の働きによって触れられる」と言われている。すなわち、「場」は知性の対象といっても、イデアのように純粋に知性の働きによって認識されるのではなく、間接的な推論によって、どうにかこうにか捉えられるものなのである。「場」を認識することの難しさは、四九Aや五一A―Bでも語られていた。これについては、さらにこう言われている。「まさにこれに目を向けながら、私たちは夢を見て、こんな主張をします。『存在するものはすべて、どこかある場所に、何らかの場を占めてあるのでなければならない。地上にも天にも、どこにもないようなものは、そもそも何も存在しないのだ』と」（五二B）。

「生成するもの」は「場」の中でのみ存在する。したがって、この現象界の事物は必ず空間的制約をもっている。それゆえ、われわれは「場」に目を向けながらも、「場」と「生成するもの」の区別を正しく認識することができない。そのため、われわれは「場の中にあるもののみが存在する」と思い込んでしまう。また、「生成するもの」は「場」の中でのみ存在するということは、空間性と同時に、この現象界の感覚性の根拠ともなっている。「場」はそれ自身、非感覚的なものだが、感覚的性質の担い手となることによって、それ自身のみでは存在できないイデアの似像にある程度の実在性を与えるからである。しかも、五三C以下では、四物体それぞれの特性は三角形を単位とする三次元的な幾何学構造によって説明されている。したがって、空間の中にあるものだけが存在するという主張は、「感覚できるものだけが存在する」という主張と同じである。そして、われわれは「夢うつつの状態」（五二B）でそのような考えを信じ込んでしまうので、真に存在するもの、すなわちイデアについても、その存在を「生成するもの」や「場」から区別して正しく認識することができないのである。このように、われわれが正しい認識ができない大きな原因の一つは「場」の認識の困難さにあると言える。

れる。続いて、総括的に似像と「場」とイデアについての正しい認識のあり方が次のように語られる。

似像については、それがそれに基づいて生じる当のものが、自分自身のものではなく、何か他のものの影像としていつも動いているのだから、それゆえ、何か他のものの中に生じて、何らかの仕方で存在にしがみついているのであり、さもなければ、それはまったく存在しないというのがふさわしいのです。他方、真に存在するものには、厳密で真なる言論が助けとなって、あるものと他のものが別々のものであるかぎり、どちらも一方が他方の中に生じて、同じものが同時に一でもあり二でもあるということは決してありません。（五二C―D）

この個所は、解釈上、多くの議論がある。私はほぼコーンフォードの解釈に準じて訳した。(16) まず、似像はイデアや「場」とは違って、それ自身のみで存在できるものではなく、自分の存在の条件を全面的に他者であるイデアと「場」に負っている。鏡に映っている映像（似像）が、常に何か実物（イデア）の影像であり、他者である鏡（「場」）の中に生じるようなものである。続いて、似像とは対照的に「真に存在するもの」、すなわちイデアは、決して他者の中には入らない。つまり、似像のように「場」の中に生じることはない。それゆえ、厳密な言論（ロゴス）はイデアに関してのみ成り立つのであって、「場」の中に現れたイデアの似像であるこの現象界に対する言論は「もっともらしい言論」にとどまるのである。

以上のことを踏まえた上で、「場」の役割と、それを導入したプラトンの意図を総括的に述べるなら、次のようになる。

「生成するもの」としてのこの現象界は、「場」の中に生じては消えていくイデアの似像の現れにほかならない。似像は実体的なものではなく、「場」に映し出されることによって、その実在性を得る。その意味では、「場」はこの現象界が成立するための原理である。イデアが存在していても、「場」がなくては、似像も存在しえない。「場」は、プラトンが宇宙論・自然学を記述するにあたって、感覚的物体を実体視することなしに、この現象界に何らかの実在性を与えるために導入したものと考えられる。

しかし、「場」の中に似像が現れるとか、「場」の点火された部分が火として現れるといっても、基体（ヒュポケイメノン）あるいは無規定な質料としての「場」が、例えば「熱い」という性質をもつことによって、「場」のその部分が火という物体になる、といった考え方は不正確である。すでに論じたように、「場」の中に現れた感覚的性質そのものが火などの「生成するもの」にほかならず、感覚的性質とは別に物体と呼ばれるべきものが存在するのではない。そうではなく、そのような感覚的性質は「場」の中でのみ成立することができる、と言っているのである。現象界が何らかの実在性を得るといっても、「生成するもの」自体はあくまでイデアの影のようなものであって、それ自身のみで独立に存在しうるものではない（五二C）。したがって、「場」を導入したプラトンの意図も、「現象界に実在性を与えるため」というよりも、むしろ、それ自体実在性をもたないイデアの似像が、いかにしてこの感覚的世界を成り立たせているのかを説明するため、と言ったほうがより正確であろう。「場」を導入することによって、われわれが実体視しがちな物体という概念はイデアと「場」に解体されることになるのである。

また、似像は「場」の中でのみ成立するということは、「場」はイデアと現象界を媒介する役割を担っていることにもなる。ここで指摘しておきたいのは、「場」は、イデア界の秩序を生成する現象界に導き入れる点でも仲立ちの役目をしているということである。五三C以下では、物体は幾何学的な空間図形として構成されることになる。感覚的性質も、幾何学的構造に還元して説明される。「場」は、感覚的性質の担い手であると同時に、物体が幾何学的に構成される空間でもある。プラトンにおける数学、あるいは数学的自然学が担う大きな役割の一つは、感覚的なものの中にイデア的なものを見出し、われわれの魂を感覚的認識からイデアの認識へと高めることに存する。数学的なものは、感覚的なものをイデア的なものへと導く仲立ちになる。イデアと現象界を媒介する「場」にも、このような役割があると思われる。すなわち、生成の場所としての「場」は、生成する物体の世界に幾何学的秩序を導き入れるための仲介者としての役割を担っているのである。

アリストテレスは、プラトンの「場」を彼の説く質料と同一視した。また、しばしば「場」はプラトンにおける物質であるなどと言われる。しかし、「場」はアリストテレスの言う意味での質料とは同一視できないし、ましてや近代科学的な意味での物質とはまるで違うものである。厳密な意味では「質料」や「物質」という概念自体がプラトンの哲学にはないと言える。

また、「場」は無や非存在ではなく、常に存在するものとして語られているが、それは原子論者が空虚（ケノン）を存在するものと言っているような意味ではない。むしろ、プラトンは空虚の存在を否定している（五八A、六〇C、七九B、八〇C）。「場」とは「物体がその中に存在していない空間」ではなく、自分自身の中にイデアの似像を受容するものであり、物体そのものを成立させるものである。また、「場」は純粋な幾何学的空間あるいは三次元的延長と解することもできないだろう。確かに「場」は無性質で中性的なものだが、それ自身の特性（デュナミス）をもっている（五〇B）。そもそも、近代的な意味での純粋な延長としての空間という概念がプラトンの時代にあったかどうか疑わしい。むしろ「場」は、物体の存在（本質）そのものと言える感覚性、空間性、運動性の原理となるものである。なぜなら、イデアはそれ自身の本性からして、これらのいずれとも無縁なものだからである。にもかかわらず、イデアの似像が感覚性、空間性、運動性をそなえているということは、「場」の中に生じることによって初めて可能になることだからである。

この点からも、「場」は物体に固有の特性である「必然」とも当然関係してくるだろう。「場」が物体の原理だとすれば、それは「必然」の原理でもあるはずだ。実際、「場」は物体に不規則な振動を与えると述べられている（三〇A、五二D—五三A、五七C）。確かに本書では「必然」が「場」の不規則な振動に直接結びつけられている記述はないが、両者の関連を考えることは、多くの解釈者がそうしているように、当然のことだと思われる。

四　古代における『ティマイオス』の伝統

さて、『ティマイオス』がプラトニズムの歴史の中で特別な地位を占めてきたことは、この解説のはじめでも言及した。それでは、最後に、プラトニズムの長い伝統の中で本書がどのように受容されてきたのかを、古代に限って概観しておこう(17)。

1　初期アカデメイア派とアリストテレス

プラトンは、前三八六年頃に哲学の学園アカデメイアを開設するが、『ティマイオス』は、すでに初期アカデメイアの時代から議論や解釈の対象になっていたことが、さまざまな資料から窺われる(18)。プラトンのあとを継いで学頭となったスペウシッポス（前四〇七頃—前三三九年）は、『ピュタゴラス派の数について』と題する書の中で宇宙の作り主である神と宇宙の範型（パラデイグマ）について論じていた。[19] 彼と同時代のオプスのピリッポスは『ティマイオス』に触発されて『エピノミス』を著し、この書は長らくプラトンの著作と信じられてきた。その中で提唱された天体への崇拝は、のちのヘレニズム時代の思想にも少なからぬ影響を与えた。スペウシッポスのあとを継いで学頭となったクセノクラテス（前三九六―前三一四年）は、『ティマイオス』における神の宇宙製作を説明のための方便（ディダスカリアース・カリン）と解釈した。[20] この解釈はのちの多くのプラトニストに受け継がれた。プロクロスから「プラトンの最初の解釈者」と呼ばれたクラントル（前三四五頃―前二九〇年頃）は、しばしば『ティマイオス』の註解書を著した最初の人物とされる。彼はアトランティス物語を史実とみなし、[21] 宇宙が「生成した」と言われるのは、ある一時点において生じたという意味ではなく、原因を他者に負っているという意味だと解釈した。[22] また、宇宙の魂の構成についても独自の解釈を提唱した。[23]

しかし、初期アカデメイアのメンバーの中で、のちの『ティマイオス』解釈史に最も大きな影響を与えたのは、やはりアリストテレスだろう。実際、現存するアリストテレスの著作の中でのプラトンの著作への言及は、『ティマイオス』に関するものがいちばん多い。[24] アリストテレスの『ティマイオス』解釈のうち、ここでは特に重要なものとして、次の四点のみを指摘しておく。

⑴宇宙が「生成した」という記述を、他の初期アカデメイア派とは異なり、字義どおりに、すなわち過去の一時点において生じたという意味に解釈したこと。[25] この立場は、のちにプルタルコスやアッティコスらに継承される。

⑵デーミウールゴスの存在を無視するかのように、プラトンに形相因と質料因しか認めなかったこと。[26]

⑶四物体を幾何学的に構成する説を批判し、さらに天の元素としてアイテールを導入したこと。[27]

⑷『ティマイオス』における「場」を自らの概念である質料（ヒューレー）と同一視したこと。[28]

アリストテレスの『ティマイオス』解釈は、のちのプラトニストたちにも多大な影響を与えた。

2　ヘレニズム時代

前四世紀末から前一世紀末にかけてのヘレニズム時代には、社会の変化にともない哲学にも大きな変化が起こる。この時代にはプラトンとアリストテレスの影は薄く、新たな学派が脚光を浴びるようになる。ヘレニズム初期に生まれ、以後数世紀にわたって最も栄えた学派はストア派であった。アカデメイア派は懐疑主義に染まり、ストア派との論争に明け暮れていた。一般的にプラトニストはストア派を目の敵のように批判するものだが、ストア哲学の形成にプラトン哲学が多大な影響を与えていることは明らかで、ストア派とプラトニズムの相互関係は近年盛んに論じられるテーマになっている。殊に『ティマイオス』の影響は甚大である。これも要点のみを指摘すれば、能動原理としてのロゴスと受動原理としての物体、宇宙を支配するロゴスと人間の理性の共通性、マクロコスモスとミクロコスモスの照応といったストア派の基本思想に『ティマイオス』の影響を見て取ることは容易だろう。また、ストア派の神学的宇宙論には『ティマイオス』のデーミウールゴスとしての神や宇宙の魂の観念が多大な影響を与えている。

3 中期プラトン主義の時代

アカデメイア派が懐疑主義を脱した前一世紀頃から、後三世紀半ばに新プラトン主義が登場するまでの間のプラトニズムは、中期プラトン主義と呼ばれる。これは便宜上の呼び名で、アカデメイア派や新プラトン主義のように特定の学校や学派があったわけではない。この時代には、書物の普及も相まって、アカデメイアだけではなく地中海世界各地でプラトンの著作が読まれ、研究されていた。それでも、この時代のプラトニストたちには、かなりの共通点が見られる。彼らはいずれもプラトン自身の著作に立ち返り、そこから一定の教説を読み取って体系的な哲学を作り上げようとした。近年の研究の進展によって、新プラトン主義のモチーフのほとんどがこの時代に出揃っていたことが明らかになっている。プラトンの著作の中で『ティマイオス』が特権的な地位を占めるようになるのも、実はこの時代からである。

このような新たなプラトニズムの起源については、さまざまな議論があるが、ここでは前一世紀後半にエジプトのアレクサンドリアで活動したエウドロスに注目したい。彼はピュタゴラス主義者で、プラトンの教説はピュタゴラスの教えと一致すると考えた。彼が人生の目的を「神に似ること[29]（ホモイオーシス・テオーイ）」としたことは、のちの多くのプラトニストたちに受け継がれた。しかも、彼によれば、この思想はピュタゴラスがオリジナルで、ソクラテスとプラトンがそれを継承したとされる。[30]『ティマイオス』に関してもいくつかの解釈が伝わっており、註解書もしくは何らかの著作を書いた可能性がある。『ティマイオス』の語り手であるロクロイのティマイオスが書いたとされる書『宇宙と魂の本性について』は後一世紀頃に書かれたピュタゴラス派による『ティマイオス』の翻案と言えるものだが、この書はエウドロスの著作を再構成したものだという説が提起されている。[31]

この時代にはプラトンの著作に対して多くの註解書が書かれたが、最も多く註解されたのは『ティマイオス』であった。[32]もっとも、これらはすべて現存しないので、ギリシア語でヒユポムネーマタとかエクセーゲーシスと呼ばれるものがどのような著作だったのかは定かではない。ちなみに、現存する古代の『ティマイオス』の註解書は、古代末期のカルキディウスとプロクロスのものだけである。現存する当時の『ティマイオス』関係の著作としては、プルタルコス（四六頃―一二〇年以降）の『『ティマイオス』における魂の生成について』と『プラトン哲学に関する諸問題』（一〇問のうち五問が『ティマイオス』の問題）がある。スミュルナのテオン（二世紀）の『プラトンを読むのに役に立つ数学的事柄の解説』という書も『ティマイオス』を読むための解説書と言える。また、プラトン哲学全般の解説書であるアルキノオス『プラトン哲学講義』（おそらく二世紀）は中期プラトン主義のプラトン解釈を今日に伝える代表的著作と言えるが、全体の四割近くが『ティマイオス』に基づく記述になっている。

さらに、シリアのアパメイア出身のヌメニオス（二世紀）も、プラトニズムの歴史の中で重要な人物である。彼は徹底したピュタゴラスの信奉者だが、その哲学の実質はプラトンの著作の再解釈に基づいており、中でも『ティマイオス』が最も重要な地位を占めている。しかも、彼にかかると、プラトンも完全にピュタゴラス主義者にされてしまう(33)。さらには、プラトンのことを「アッティカ語を話すモーセ」と呼んだのも彼であり、プラトンの教説は東方の諸民族（インド、ユダヤ、ペルシア、エジプト、バビロニア）の古来の宗教思想とも一致すると主張した(34)。ピュタゴラス主義者にして東方の宗教の奥義にも精通しているというプラトンのイメージは、のちの新プラトン主義にも受け継がれ、古代末期から近代にわたって大きな影響力をもった。このようなプラトン観が確立される初期の段階で、ヌメニオスはきわめて大きな役割を果たした[35]。後一世紀から二世紀はちょうどピュタゴラス主義が新たな脚光を浴びた時代で、いわゆる新ピュタゴラス派と呼ばれる人たちは、おおむねプラトンの著作をピュタゴラス主義によって再解釈した。例えば、ガデスのモデラトス（一世紀後半）が『パルメニデス』第二部の解釈から導き出した階層的な諸原理は、のちの新プラトン主義の形成に大きな影響を与えた可能性が指摘されている[36]。

この時期に『ティマイオス』に注目したのはギリシアの哲学者だけではなかった。ユダヤ人哲学者アレクサンドリアのピロン（前二五―後四五／五〇年）は、聖書解釈を通じてユダヤ思想とギリシア哲学の融合・調和を試みた。『創世記』に記された神の世界創造の問題をいかに合理的に解釈するかが彼のテーマであり、その際に彼が援用したのが『ティマイオス』であった[37]。彼の思想は、キリスト教神学の「ロゴス＝キリスト論」の形成に大きく寄与すると同時に、のちのプラトニズムにも少なからぬ影響を与えた。

さらに初期のキリスト教思想家たちによっても『ティマイオス』は考察の対象とされるのだが、ここでは割愛する。

4 新プラトン主義の時代

三世紀半ばにプロティノス（二〇五―二七〇年）は、以上のようなプラトニズムの流れを総合し、さらに深く内面化し、体系化することで、プラトニズムの歴史に大きな転換をもたらした。のちに「新プラトン主義」と呼ばれる哲学の誕生である。新プラトン主義における『ティマイオス』の問題はそれ自体大きなテーマだが、ここではいくつかの重要な点を指摘するにとどめる。

新プラトン主義においても、『ティマイオス』は『パルメニデス』第二部と並んでプラトンの著作の中で特権的な地位を占めていた。『ティマイオス』は、単なる自然学の書ではなく、形而上学、神学の奥義が記された書とみなされたのである。プラトンとアリストテレスの書に対して本格的な註解を著す伝統も、プロティノスの弟子で『エンネアデス』を編纂したポルピュリオス（二三四―三〇五年以前）に始まる。彼が著した『ティマイオス』註解は古代末期にかなりの影響力をもった。

続くイアンブリコス（二五〇頃―三二五年頃）において、新プラトン主義は新たな展開を迎える。彼はシリアのカルキスの生まれで、二八〇年代にローマでポルピュリオスに師事したが、二九〇年代のうちに師のもとを去ってシリアに帰り、自らの学校を開いた。彼が行ったのは、新プラトン主義にピュタゴラス主義と魔術思想を大々的に導入することであった。彼はいくつもの点でプロティノスやポルピュリオスをも批判し、プラトン哲学をピュタゴラスに遡らせ、神との合一のための技法として、『カルデアの神託』で提起された神働術（テウールギアー）を重視し、それを哲学の上位に置くことまでした。彼はその後の新プラトン主義の流れを決定づけ、彼以降の新プラトン主義は後期新プラトン主義と呼ばれる。彼の思想は時代の要請にも合っていたと見えて、新プラトン主義が大きな広がりを見せるのも彼の時代からである。

ギリシア哲学最後の光輝と言われるプロクロス（四一二―四八五年）の哲学も、このイアンブリコスの流れを継承したものだった。彼の『ティマイオス』註解は、現存する古代に著されたプラトンの註解書の中で最も浩瀚なものである。

プラトニズムと魔術・オカルト思想との結びつきは、歴史的にも大きな意義をもっている。後一～二世紀にアレクサンドリアを中心に、ギリシア哲学と東方の宗教思想との混交から、ヘルメス思想をはじめとするさまざまなオカルト思想が誕生し、流行した。これらが古代末期にプラトニズムと結びつくことで、プラトンの権威とともに、のちのヨーロッパだけでなく、アラビア・イスラム圏にも継承されていく。もともとヘルメス思想にはプラトニズムの影響が見て取れるが、それらが新プラトン主義と混交することで、『ティマイオス』はこれらオカルト思想の奥義を記した書物だ、という観念が生まれた。ルネサンス期に復活するのも、このような魔術的な後期新プラトン主義で、新プラトン主義は古代のオカルト思想と一体となって、一五～一六世紀のヨーロッパで大流行した。一七世紀における近代科学と近代哲学の成立も、このような思想的背景を無視しては、正しく理解することはできないだろう。

5 古代から中世へ

最後に『ティマイオス』の中世西ヨーロッパへの影響にも簡単に触れておく。プラトニズムの伝統における『ティマイオス』の重要性は、中世においては決定的なものとなる。一二世紀半ばにヘンリクス・アリスティップスによる『メノン』と『パイドン』のラテン語訳が現れるまで、カルキディウス（四世紀前半）による『ティマイオス』のラテン語訳が、中世を通じて西欧において直接読むことができるプラトンの唯一の著作だったからである。現存するカルキディウスの翻訳は『ティマイオス』の前半部分（五三Cまで）のみだが、彼はこれに翻訳の五倍あまりの分量の註解を付した。この註解も古代の学問の伝統と哲学的議論を中世に伝えたものとして重要である。『ティマイオス』にはこれ以前にもキケロによる部分的なラテン語訳があったが（例えばアウグスティヌスはこれを用いている）、中世においてはほとんど用いられた形跡がない。例えば、一二世紀に興隆するシャルトル学派と呼ばれる思想家たちは、こぞって宇宙論と自然学の研究に熱意を注いだが、彼らが何よりも拠り所としたのはカルキディウスの翻訳と註解であった。

古代の宇宙論を伝える典拠としてカルキディウスと並んでよく読まれた重要なものに、マクロビウス（四〇〇年頃）によるキケロ「スキピオの夢」の註解書がある。「スキピオの夢」は、本来キケロの『国家について』第六巻第八章に相当し、プラトンの『国家』第一〇巻の「エルの物語」を模して魂の死後の運命を論じたものだが、これに対するマクロビウスの註解は、新プラトン主義者による『ティマイオス』註解の様相を呈している。

さらに、中世に伝えられた古代末期の哲学的著作はおおむね新プラトン主義の影響下にあるので、それらの著作では『ティマイオス』に依拠した記述がしばしば重要な部分を占めている。例えば、中世を通じてよく読まれたボエティウス（四八〇頃―五二四年）の『哲学の慰め』の中でも、最も註釈と議論の対象となった第三巻第九詩は、新プラトン主義的に解釈された『ティマイオス』の宇宙論の要約と言える。このように、『ティマイオス』は、直接的にも間接的にも、中世前期の思想に大きな影響を及ぼしている。

6　おわりに

それでは、『ティマイオス』はプラトンの著作の中で、なぜこれほど長く特別扱いされてきたのだろうか。もちろん、これは大きな問題で、私にも明確な答えがあるわけではない。おそらく、いくつもの要因が複合的に絡み合っていたと考えられる。実際、本書は、それぞれの時代、それぞれの思想家において、さまざまに異なった観点から関心の対象とされてきた。例えば、ユダヤ教徒やキリスト教徒は『創世記』の神の世界創造を理解するヒントを本書に求めただろう。あるいは新プラトン主義者なら、形而上学的真理のアレゴリーとして本書を読んだだろう。あるいは錬金術師なら、神の創造を自らの手で再現するための秘密を本書から読み取ろうとしたかもしれない。自然学者や科学者にとって本書が関心の対象となったことは容易に理解できる。宇宙の始まりと物質の究極は、科学にとっておそらく永遠のテーマだからである。

もう一つ言えることは、伝統の重みである。本書は、まさに「プラトニストのバイブル[38]」であった。長い歴史の中で大切にされてきたものは、それだけで権威がそなわる。人々はそこにさまざまな思いを読み込み、またそこからさまざまな着想を汲み取ってきた。もちろん、本書はそれらに応えることができるだけの豊かな思想的潜在力を秘めた書物である。近代・現代においても本書に触発された思想家は少なくない。本書は、これからもわれわれの知的好奇心を喚起し続けるだろう。

註

（1） この壁画には、もう一つ『ティマイオス』が描かれている。プラトンの向かって左側に描かれたソクラテスの手に注目してほしい。ソクラテスは指折り数を数えている。これは『ティマイオス』の出だしの場面を表しているのに違いない。

（2） 『国家』の設定年代には諸説がある。例えば、岩波版の訳者である藤沢令夫は前四三〇年

（ソクラテス三九歳）頃という説を提起している。近年では、納富信留が前四一二年説を提唱している（納富 二〇二三、三一七―三二五頁）。

（3） Owen 1953 に対する代表的な反論としては、Cherniss 1957; Prior 1985, pp. 168-193 を参照。

（4） Cf. Cornford, pp. xv-xvii.

（5） 例えば、藤沢 一九八〇は、「場」を導入した『ティマイオス』のイデア論はイデアと感覚的事物の記述方式に関するプラトンの最終的な回答であるとして、きわめて大きな意義を与えている。

（6） 例えば、Berti 1997; Burnyeat 2005; Santa Cruz 1997; Smith 1985; 國方 二〇〇七、二〇二―二二六頁、藤沢 一九五四、森 一九六二、山田 一九八八を参照。

（7） 以上の個所を示せば次のとおり。「エイコース・ロゴス」＊二九C二、＊二九C八、三四B四、＊四〇E一、＊四四D一、四八D二、＊四八D三、五三D五、五五D五、五六A一、＊五六B四、五七D六、＊五九D一、六八D七、九〇E八（＊はロゴスを補って読む個所）。「エイコース・ミュートス」二九D二、五九C六、六八D二。「エイコースなこと」四八D六、五六D一、五九D三、六七D一、七二D七。

（8） Cf. Archer-Hind, pp. 166-167.

（9） Cf. Taylor 1927, pp. 300-301.

（10） Cf. Cornford, pp. 163-165.

(11) 例えば、『ソピステス』二六五C、『ピレボス』二八D—E、『法律』第一〇巻、八八八E—八九九Dを参照。
(12) 『ティマイオス』における神義論の問題については、土屋一九九一を参照。
(13) Cf. Cherniss 1954. これに対しては、賛否さまざまな議論が繰り広げられている。例えば、Cherry 1967; Gill 1987; Gulley 1960; Lee 1966; Lee 1967; Mills 1968; Mohr 1985, pp. 85-98; Nakamura 2022; Reed 1972; Silverman 1992; Zeyl 1975; 中村二〇〇七を参照。
(14) このあとに続く黄金の比喩（五〇A—B）にもいくつかの問題があるが、ここでは割愛する。
(15) アリストテレス『形而上学』第Λ巻第六章、一〇七一b二九—三一参照。
(16) Cf. Cornford, p. 192, n. 4; pp. 370f.
(17) 以下の記述は、土屋二〇一八、四九—五四、六〇頁に加筆修正を加えたものである。
(18) 詳しくは、土屋二〇二一を参照。
(19) 偽イアンブリコス『数論の神学』八三頁（de Falco）参照。
(20) シンプリキオス『アリストテレス『天界について』註解』三〇三—三〇四頁（Heiberg）参照。
(21) プロクロス『プラトン『ティマイオス』註解』第一巻、一一六頁（van Riel）参照。
(22) 同書、第二巻、一〇六頁（van Riel）参照。
(23) プルタルコス『『ティマイオス』における魂の生成について』一〇一二F—一〇一三B参照。

（24）ボーニッツの索引（Hermann Bonitz (ed.), *Index Aristotelicus*, Berlin: Akademie-Verlag, 1870）によれば四九個所。ちなみに、二番目に多いのは『国家』への言及で三九個所。

（25）アリストテレス『哲学について』断片一八―二〇（Ross）、『天界について』第一巻第一〇―一二章、第三巻第二章、三〇〇b一六―二六、『自然学』第七巻第一章、二五一b一七―二八、『形而上学』第Λ巻第六章、一〇七一b三三―一〇七二a五参照。

（26）アリストテレス『形而上学』第A巻第六章、九八八a七―一七参照。

（27）アリストテレス『天界について』第一巻第一―二章、第三巻第二章、第七章、『生成と消滅について』第一巻第二章、第二巻第五章参照。

（28）「訳者解説」二五四―二五五頁参照。

（29）この言葉は『テアイテトス』一七六Bにあり、同様の思想は『国家』第一〇巻、六一三A―B、本書九〇A―Dにも見られる。

（30）ストバイオス『抜粋集』第二巻、四九頁（Wachsmuth）参照。

（31）Cf. Baltes 1972, pp. 22-26.

（32）この時代に『ティマイオス』の註解書を著したとされる人物は以下のとおり（不確かな者も含む）。エウドロス、アドラストス、タウロス、アルビノス、『テアイテトス』註解の無名著者、ヌメニオス、アッティコス、ハルポクラティオン、セウェルス、デモクリトス、ガレノス。

（33）ヌメニオス断片二四（des Places）参照。

（34）ヌメニオス断片一a、八、一七（des Places）参照。

(35) ヌメニオスのプラトン観については、土屋二〇二四、四二―四六頁参照。
(36) Cf. Dodds 1928, pp. 129-142.
(37) ピロンと『ティマイオス』についてはRunia 1986を参照。
(38) Cf. Jaeger 1955, p. 574; Runia 1986, p. 57.

文献表

テクストと翻訳

Apelt, Otto, *Platon: Sämtliche Dialoge VI*, Leipzig: Felix Meiner, 1922.

Archer-Hind, R. D., *The Timaeus of Plato*, London: Macmillan, 1881.

Brisson, Luc, *Platon: Timée / Critias*, 5e éd., Paris: Flammarion, 2001.

Burnet, John, *Platonis Opera IV*, Oxford: Clarendon Press, 1902.

Bury, R. G., *Plato VII*, Cambridge, Mass.: Harvard University Press (The Loeb Classical Library), 1929.

Cornford, F. M., *Plato's Cosmology: The* Timaeus *of Plato*, London: Kegan Paul, 1937.

Lee, H. D. P., *Plato: Timaeus and Critias*, Harmondsworth: Penguin Books, 1965.

Martin,T. Henri, *Etudes sur le Timée de Platon*, 2 vols., Paris: Ladrange, 1841.

Paulsen, Thomas und Rudolf Rehn, *Platon: Timaios*, rev. Aufl., Stuttgart: Reclam, 2009.

Petrucci, Federico M., *Platone: Timeo*, Milano: Mondadori, 2022.

Reale, Giovanni, *Platone: Timeo*, Milano: Bompiani, 2000.

Rivaud, Albert, *Platon: Œuvres complètes X*, Paris: Les Belles Lettres, 1949.

Stallbaum, Gottfried, *Platonis Opera omnia VII*, Gotha: Hennings, 1837.

Waterfield, Robin, *Plato: Timaeus and Critias*, Oxford: Oxford University Press, 2008.
Zekl, Hans Günter, *Plato: Timaios*, Hamburg: Felix Meiner, 1992.
Zeyl, Donald J., *Plato: Timaeus*, Indianapolis: Hackett, 2000.

［日本語訳（年代順）］

岡田正三訳、『チーマイオス』、『プラトーン全集』第六巻、全国書房、一九七二年。

泉治典訳、『ティマイオス』、『プラトン全集』第六巻、角川書店、一九七四年。

種山恭子訳、『ティマイオス』、『プラトン全集』第一二巻、岩波書店、一九七五年。

岸見一郎訳、プラトン『ティマイオス　クリティアス』白澤社、二〇一五年。

水崎博明訳、『ティーマイオス』、『プラトーン著作集』第七巻、櫂歌書房（櫂歌全書）、二〇一七年。

その他の研究文献

［外国語文献］
Adler, Donna M. Altimari 2019, *Plato's* Timaeus *and the Missing Fourth Guest: Finding the Harmony of the Spheres*, Leiden: Brill.
Ashbaugh, Anne Freire 1988, *Plato's Theory of Explanation: A Study of the Cosmological Account in the* Timaeus, Albany, N. Y.: State University of New York Press.
Baeumker, Clemens 1890, *Das Problem der Materie in der griechischen Philosophie: eine*

historisch-kritische Untersuchung, Münster: Aschendorff.

Baltes, Matthias 1972, *Timaios Lokros: Über die Natur des Kosmos und der Seele*, Leiden: Brill.

—— 1976, *Die Weltentstehung des platonischen Timaios nach den antiken Interpreten*, 2 Bde, Leiden: Brill.

Bartninkas, Vilius 2023, *Traditional and Cosmic Gods in Later Plato and the Early Academy*, Cambridge: Cambridge University Press.

Berti, E. 1997, "L'oggeto dell' εἰκὼς μῦθος nel *Timeo* di Platone", in Calvo and Brisson (eds.) 1997, pp. 119-131.

Brisson, Luc 2015, *Le même et l'autre dans la structure ontologique du* Timée *de Platon: un commentaire systématique du* Timée *de Platon*, 4e éd., Sankt Augustin: Academia.

Brisson, Luc and F. Walter Meyerstein 1995, *Inventing the Universe: Plato's* Timaeus, *the Big Bang, and the Problem of Scientific Knowledge*, Albany, N. Y.: State University of New York Press.

Broadie, Sarah 2012, *Nature and Divinity in Plato's Timaeus*, Cambridge: Cambridge University Press.

Brüschweiler, Andreas 2018, *Die religionsgeschichtlichen Grundlagen des Dialoges Timaios*, Würzburg: Königshausen & Neumann.

Burnyeat, Myles 2005, "ΕΙΚΩΣ ΜΥΘΟΣ", *Rhizai*, 2: 143-165.

Calvo, Tomás and Luc Brisson (eds.) 1997, *Interpreting the* Timaeus-Critias*: Proceedings of the IV Symposium Platonicum*, Sankt Augustin: Academia.

Cherniss, Harold 1944, *Aristotle's Criticism of Plato and the Academy*, Vol. 1, Baltimore: Johns Hopkins University Press.

—— 1954, "A Much Misread Passage of the *Timaeus* (*Timaeus* 49C7-50B5)", *American Journal of Philology*, 75 (2): 113-130.

—— 1957, "The Relation of the *Timaeus* to Plato's Later Dialogues", *American Journal of Philology*, 78 (3): 225-266.

Cherry, R. S. 1967, "*Timaeus* 49c-50b", *Apeiron*, 2 (1): 1-11.

Claghorn, George S. 1954, *Aristotle's Criticism of Plato's 'Timaeus'*, The Hague: Martius Nijhoff.

Crombie, I. M. 1963, *An Examination of Plato's Doctrines*, Vol. 2: *Plato on Knowledge and Reality*, London: Routledge & Kegan Paul.

Dillon, John 1989., "Tampering with the *Timaeus*: Ideological Emendations in Plato, with Special Reference to the *Timaeus*", *American Journal of Philology*, 110 (1): 50-72.

Dodds, E. R. 1928, "The *Parmenides* of Plato and the Origin of the Neoplatonic 'One'", *Classical Quarterly*, 22 (3/4): 129-142.

Easterling, H. J. 1967, "Causation in the *Timaeus* and *Laws* X", *Eranos*, 65: 25-38.

Gill, Mary Louise 1987, "Matter and Flux in Plato's Timaeus", *Phronesis*, 32 (1): 34-53.

Gloy, Karen 1986, *Studien zur platonischen Naturphilosophie im Timaios*, Würzburg: Königshausen & Neumann.

Gmirkin, Russell E. 2024, *Plato's* Timaeus *and the Biblical Creation Accounts: Cosmic Monotheism and Terrestrial Polytheism in the Primordial History*, Abingdon: Routledge.

Gregory, Andrew 2000, *Plato's Philosophy of Science*, London: Duckworth.

Gulley, Norman 1960, "The Interpretation of Plato, *Timaeus* 49D-E", *American Journal of Philology*, 81 (1): 53-64.

Guthrie, W. K. C. 1978, *A History of Greek Philosophy*, Vol. 5: *The Later Plato and the Academy*, Cambridge: Cambridge University Press.

Hackforth, R. 1959, "Plato's Cosmogony (*Timaeus* 27D ff.)", *Classical Quarterly*, 9 (1): 17-22.

Hartmann, Lucius 2017, *Die grosse Rede des Timaios: ein Beispiel wahrer Rhetorik?*, Basel: Schwabe.

Herter, Hans 1957, „Bewegung der Materie bei Platon", *Rheinisches Museum für Philologie*, Neue Folge, 100, Bd. 4. H.: 327-347.

Hoenig, Christina 2018, *Plato's* Timaeus *and the Latin Tradition*, Cambridge: Cambridge University Press.

Ierodiakonou, Katerina 2005, "Plato's Theory of Colours in the *Timaeus*", *Rhizai*, 2: 219-233.

Ives, Charles 2017, *Socrates' Request and the Educational Narrative of the* Timaeus, Lexington: Lexington Books.

Jaeger, Werner 1955, [Review] Hubert Merki, *Ὁμοίωσις θεῷ*, *Gnomon*, 27 (8): 573-581.

Johansen, Thomas Kjeller 2004, *Plato's Natural Philosophy: A Study of the* Timaeus-Critias, Cambridge: Cambridge University Press.

Jonkers, Gijsbert 2017, *The Textual Tradition of Plato's* Timaeus *and* Critias, Leiden: Brill.

Jorgenson, Chad, Filip Karfík, and Štěpán Špinka (eds.) 2021, *Plato's* Timaeus*: Proceedings of the Tenth Symposium Platonicum Pragense*, Leiden: Brill.

Joubaud, Catherine 1991, *Le corps humain dans la philosophie platonicienne: étude à partir du « Timée »*, Paris: Vrin.

Kalderon, Mark Eli 2022, "Timaeus on Colour Mixture", *Oxford Studies in Ancient Philosophy*, 61: 63-102.

—— 2023, *Cosmos and Perception in Plato's* Timaeus*: In the Eye of the Cognitive Storm*, Abingdon: Routledge.

Karatzoglou, Orestis 2021, *The Embodied Self in Plato: Phaedo - Republic - Timaeus*, Berlin: De Gruyter.

Karfík, Filip 2004, *Die Beseelung des Kosmos: Untersuchungen zur Kosmologie, Seelenlehre und Theologie in Platons Phaidon und Timaios*, München: Saur.

Lee, Edward N. 1966, "On the Metaphysics of the Image in Plato's *Timaeus*", *The Monist*, 50 (3): 341-368.

—— 1967, "On Plato's *Timaeus*, 49D4-E7", *American Journal of Philology*, 88 (1): 1-28.

Margel, Serge 2019, *The Tomb of the Artisan God: On Plato's* Timaeus, translated by Philippe Lynes, Minneapolis: University of Minnesota Press.

Miller, Dana R. 2003, *The Third Kind in Plato's Timaeus*, Göttingen: Vandenhoeck & Ruprecht.

Mills, K. W. 1968, "Some Aspects of Plato's Theory of Forms: Timaeus 49c ff.", *Phronesis*, 13 (2): 145-170.

Mohr, Richard D. 1985, *The Platonic Cosmology*, Leiden: Brill.

Mohr, Richard D. and Barbara M. Sattler (eds.) 2010, *One Book, the Whole Universe: Plato's Timaeus Today*, Las Vegas: Parmenides.

Morrow, Glenn R. 1965, "Necessity and Persuasion in Plato's *Timaeus*", in *Studies in Plato's Metaphysics*, edited by R. E. Allen, London: Routledge & Kegan Paul, pp. 421-437.

Nakamura, Takeshi 2022, "'This' and 'Such' in the Receptacle Passage of Plato's *Timaeus*", *Archiv für Geschichte der Philosophie*, 104 (2): 239-265.

Nikolaou, Sousanna-Maria 1998, *Die Atomlehre Demokrits und Platons Timaios: eine vergleichende Untersuchung*, Stuttgart: Teubner.

O'Brien, Carl Séan 2015, *The Demiurge in Ancient Thought: Secondary Gods and Divine Mediators*, Cambridge: Cambridge University Press.

O'Brien, D. 1981-84, *Theories of Weight in the Ancient World: Four Essays on Democritus, Plato and Aristotle. A Study in Development of Ideas*, 2 vols., Leiden: Brill.

O'Meara, Dominic J. 2017, *Cosmology and Politics in Plato's Later Works*, Cambridge: Cambridge University Press.

Owen, G. E. L. 1953, "The Place of *Timaeus* in Plato's Dialogues", *Classical Quarterly*, 3 (1/2): 79-95.（G・E・L・オーエン「プラトン対話篇における『ティマイオス』の位置」篠崎榮訳、井上忠・山本巍編訳『ギリシア哲学の最前線Ⅰ』東京大学出版会、一九八六年、七三一一〇四頁）

Paparazzo, Ernesto 2011, "Why Five Worlds?: Plato's *Timaeus* 55C-D", *Apeiron*, 44 (2): 147-162.

—— 2013, "Viewing the World from Different Angles: Plato's *Timaeus* 54E-55A", *Apeiron*, 46 (3): 244-269.

Perikan, Jaroslav 1997, *What Has Athens to Do with Jerusalem:* Timaeus *and* Genesis *in Counterpoint*, Ann Arbor: University of Michigan Press.

Prior, William J. 1985, *Unity and Development in Plato's Metaphysics*, London: Croom Helm.

Pritchard, Paul 1990, "The Meaning of Δύναμις at Timaeus 31c", *Phronesis*, 35 (2): 182-193.

Reed, N. H. 1972, "Plato on Flux, Perception and Language", *Proceedings of the Cambridge Philological Society*, 18 (198): 65-77.

Reydams-Schils, Gretchen J. 1999, *Demiurge and Providence: Stoic and Platonist Readings of Plato's Timaeus*, Turnhout: Brepols.

—— (ed.) 2003, *Plato's* Timaeus *as Cultural Icon*, Notre Dame, Ind.: University of Notre

Dame Press.

Runia, David T. 1986, *Philo of Alexandria and the* Timaeus *of Plato*, Leiden: Brill.

Sachs, Eva 1917, *Die fünf platonischen Körper*, Berlin: Weidmann.

Sallis, John 1999, *Chorology: On Beginning in Plato's* Timaeus, Bloomington: Indiana University Press.

Santa Cruz, M. I. 1997, « Le discours de la physique: *eikṓs lógos* », in Calvo and Brisson (eds.) 1997, pp. 133-139.

Scheffel, Wolfgang 1976, *Aspekte der platonischen Kosmologie: Untersuchungen zum Dialog "Timaios"*, Leiden: Brill.

Schmidt, Ernst A. 2012, *Platons Zeittheorie: Kosmos, Seele, Zahl und Ewigkeit im* Timaios, Frankfurt am Main: Vittorio Klostermann.

Schulz, Dietrich Joachim 1966, *Das Problem der Materie in Platons «Timaios»*, Bonn: Bouvier.

Sharples, Robert W. and Anne Sharples (eds.) 2003, *Ancient Approaches to Plato's* Timaeus, London: University of London Press.

Silverman, Allan 1992, "Timaean Particulars", *Classical Quarterly*, 42 (1): 87-113.

Skemp, J. B. 1967, *The Theory of Motion in Plato's Later Dialogues*, Amsterdam: Hakkert.

Smith, Janet E. 1985, "Plato's Myths as 'Likely Accounts', Worthy of Belief", *Apeiron*, 19 (1): 24-42.

Taran, Leonardo 1971, "The Creation Myth in Plato's Timaeus", in *Essays in Ancient Greek*

Philosophy, edited by John P. Anton with George L. Kustas, Albany, N. Y.: State University of New York Press, pp. 372-407.

Taylor, A. E. 1927, *A Commentary on Plato's Timaeus*, Oxford: Clarendon Press.

Vázquez, Daniel and Alberto Ross (eds.) 2022, *Time and Cosmology in Plato and the Platonic Tradition*, Leiden: Brill.

Vlastos, Gregory 1965a, "The Disorderly Motion in the *Timaeus*", in *Studies in Plato's Metaphysics*, edited by R. E. Allen, London: Routledge & Kegan Paul, pp. 379-399.

—— 1965b, "Creation in the *Timaeus*: Is it a Fiction?", in *Studies in Plato's Metaphysics*, edited by R. E. Allen, London: Routledge & Kegan Paul, pp. 401-419.

—— 1975, *Plato's Universe*, Seattle: University of Washington Press.

von Perger, Mischa 1997, *Die Allseele in Platons* Timaios, Stuttgart: Teubner.

Welliver, Warman 1977, *Character, Plot and Thought in Plato's Timaeus-Critias*, Leiden: Brill.

Wilson, J. Cook 1889, *On the Interpretation of Plato's Timaeus: Critical Studies with Special Reference to a Recent Edition*, London: Nutt.

Wright, M. R. (ed.) 2000, *Reason and Necessity: Essays on Plato's* Timaeus, London: Duckworth.

Zeyl, Donald J. 1975, "Plato and Talk of a World in Flux: *Timaeus* 49a6-50b5", *Harvard Studies in Classical Philology*, 79: 125-148.

［日本語文献］

種山恭子 一九六〇「必然ということ――「チマイオス」解釈の一断面」、『哲学研究』第四〇巻第一〇号（一九六〇年七月）、五五―八七頁。

―― 一九六四「プラトン『ティマイオス』における無秩序な動について――運動と秩序」、『西洋古典学研究』第一二巻（一九六四年三月）、五六―七三頁。

國方栄二 二〇〇七『プラトンのミュートス』京都大学学術出版会。

田中美知太郎 一九八一『プラトンII　哲学(1)』岩波書店。

土屋睦廣 一九九一「プラトンにおける悪と物体の問題――『ティマイオス』の宇宙生成論をめぐって」、『倫理学年報』第四〇集（一九九一年三月）、一九―三四頁。

―― 二〇一八「プラトニズムの歴史における『ティマイオス』の伝統」、『法政哲学』第一四号（二〇一八年三月）、四七―六一頁。

―― 二〇二一「初期アカデメイア派における『ティマイオス』解釈」、日本大学文理学部人文科学研究所『研究紀要』第一〇二号（二〇二一年九月）、一―一五頁。

―― 二〇二四「ヌメニオスのアカデメイア派批判」、日本大学文理学部人文科学研究所『研究紀要』第一〇八号（二〇二四年九月）、三三―五〇頁。

中村健 二〇〇七「プラトン『ティマイオス』（49b-50b）における流転と言語」、『西洋古典学研究』第五五巻（二〇〇七年三月）、七六―八七頁。

納富信留 二〇二三『新版 プラトン　理想国の現在』筑摩書房（ちくま学芸文庫）。

藤沢令夫 一九五四「ΕΙΚΩΣ ΛΟΓΟΣ――Platon における自然学のあり方について」、『西洋古典学研

究』第二巻（一九五四年六月）、五一—六六頁。
——一九八〇「プラトンのイデア論における「もつ」と「分有する」および「範型—似像」の用語について」、『イデアと世界——哲学の基本問題』岩波書店、九六—一四五頁。　＊『藤澤令夫著作集』第二巻、岩波書店、二〇〇〇年所収。
森進一　一九六二「エイコース・ロゴス——「チマイオス」篇の一解釈として」、『哲学研究』第四二巻第一号（一九六二年一一月）、五一—八一頁。
山田道夫　一九八八「プラトンにおける自然学の可能性」、井上庄七・小林道夫編『自然観の展開と形而上学——西洋古代より現代まで』紀伊國屋書店、三—三〇頁。

古代の註解書（テクストと翻訳）

［カルキディウス］
Bakhouche, Béatrice, *Calcidius: Commentaire au* Timée *de Platon*, 2 vols., Paris: Vrin, 2011.
Magee, John, *Calcidius: On Plato's* Timaeus, Cambridge, Mass.: Harvard University Press, 2016.
Moreschini, Claudio, *Calcidio: Commentario al Timeo di Platone*, Milano: Bompiani, 2003.
Waszink, J. H., *Timaeus a Calcidio translatus commentarioque instructus*, 2nd ed., London: Brill, 1975.
土屋睦廣訳、カルキディウス『プラトン『ティマイオス』註解』京都大学学術出版会（西洋古典叢書)、二〇一九年。

［プロクロス］

Diehl, Ernst, *Procli Diadochi in Platonis Timaeum Commentaria*, 3 vols., Leipzig: Teubner, 1903-06.

Festugière, A. J., *Proclus: Commentaire sur le Timée*, 5 vols., Paris: Vrin, 1966-68.

Tarrant, Harold, David T. Runia, Michael Share, and Dirk Baltzly, *Proclus: Commentary on Plato's* Timaeus, 6 vols., Cambridge: Cambridge University Press, 2007-17.

van Riel, Gerd, *Procli Diadochi in Platonis Timaeum Commentaria*, 5 vols., Oxford: Clarendon Press, 2022.

訳者あとがき

私が『ティマイオス』を初めて読んだのは、大学一年生のときだったと思う。特に『ティマイオス』を選んだわけではなく、当時プラトンに興味をもち始めていた私は、岩波版のプラトン全集を読破しようとしていた途中であった。読み進めるうちに、プラトンの他の対話篇とはまるで趣の違う自然学的議論の連続に、驚きと興奮を覚えた。『パイドン』などで自然学をあれほど厳しく批判していたプラトンが、物体の成り立ちから始めて、さまざまな自然物や人体の構造を嬉々として（私にはそう思えた）論じていることに衝撃を受けたのだ。それ以来、私は『ティマイオス』の虜になってしまい、卒業論文も修士論文も『ティマイオス』をテーマにした。ちなみに、『ティマイオス』のいちばんの魅力は、個人的には、後半で展開される個々の自然学的議論にあると思うのだが、残念ながら「訳者解説」ではほとんど触れることができなかった。その後、私の研究対象はプラトンその人の思想より、のちのプラトニズムの歴史へと移っていったが、私の関心は常に『ティマイオス』から離れることがなかった。プラトニズムの歴史は『ティマイオス』の解釈史にほかならないからである。解説でも述べたように、それでもいざ翻訳するとなると、『ティマイオス』は予想どおり手強かった。テクストの校訂の問題から、ギリシア語の読み方、内容の理解、さらには理解した内容を日本語で表現することに至るまで、とまどう個所が数知れずあった。それでも何とか完成にまでこぎつけることができたのは、多くの先行研究者・翻訳者諸氏のおかげである。

講談社の互盛央さんから翻訳のお話をいただいたのは、もう一〇年近く前になる。分量的には小著にすぎない本書の刊行に、これほど時間がかかってしまったのは、諸般の事情があったとはいえ、ひとえに私の怠慢のせいである。互さんには、辛抱強く待っていただいたことに、そして何よりこのような翻訳の機会を与えてくださったことに、心より感謝申し上げる。

二〇二四年九月

土屋睦廣

KODANSHA

＊本書は、講談社学術文庫のための新訳です。

プラトン

前427-前347年。古代ギリシアの哲学者。対話篇『ソクラテスの弁明』,『国家』など。

土屋睦廣（つちや　むつひろ）

1963年生まれ。日本大学文理学部准教授。専門は，古代ギリシア・ローマ哲学。主な訳書に，セネカ『自然研究』，アリストテレス『問題集』（共訳），カルキディウス『プラトン『ティマイオス』註解』ほか。

講談社学術文庫

定価はカバーに表示してあります。

ティマイオス

プラトン

土屋《つちや》睦廣《むつひろ》 訳

2024年 12 月10日　第1刷発行
2025年 1 月24日　第2刷発行

発行者　篠木和久
発行所　株式会社講談社
東京都文京区音羽 2-12-21 〒112-8001
電話　編集（03）5395-3512
販売（03）5395-5817
業務（03）5395-3615
装　幀　蟹江征治
印　刷　株式会社新藤慶昌堂
製　本　株式会社国宝社

©Mutsuhiro Tsuchiya　2024　Printed in Japan

落丁本・乱丁本は，購入書店名を明記のうえ，小社業務宛にお送りください。送料小社負担にてお取替えします。なお，この本についてのお問い合わせは「学術文庫」宛にお願いいたします。
本書のコピー，スキャン，デジタル化等の無断複製は著作権法上での例外を除き禁じられています。本書を代行業者等の第三者に依頼してスキャンやデジタル化することはたとえ個人や家庭内の利用でも著作権法違反です。

ISBN978-4-06-538095-6

「講談社学術文庫」の刊行に当たって

これは、学術をポケットに入れることをモットーとして生まれた文庫である。学術は少年の心を養い、成年の心を満たす。その学術がポケットにはいる形で、万人のものになることは、生涯教育をうたう現代の理想である。

こうした考え方は、学術を巨大な城のように見る世間の常識に反するかもしれない。また、一部の人たちからは、学術の権威をおとすものと非難されるかもしれない。しかし、それはいずれも学術の新しい在り方を解しないものといわざるをえない。

学術は、まず魔術への挑戦から始まった。やがて、いわゆる常識をつぎつぎに改めていった。学術の権威は、幾百年、幾千年にわたる、苦しい戦いの成果である。こうしてきずきあげられた城が、一見して近づきがたいものにうつるのは、そのためである。しかし、学術の権威を、その形の上だけで判断してはならない。その生成のあとをかえりみれば、その根は常に人々の生活の中にあった。学術が大きな力たりうるのはそのためであって、生活をはなれた学術は、どこにもない。

開かれた社会といわれる現代にとって、これはまったく自明である。生活と学術との間に、もし距離があるとすれば、何をおいてもこれを埋めねばならない。もしこの距離が形の上の迷信からきているとすれば、その迷信をうち破らねばならぬ。

学術文庫は、内外の迷信を打破し、学術のために新しい天地をひらく意図をもって生まれた。文庫という小さい形と、学術という壮大な城とが、完全に両立するためには、なおいくらかの時を必要とするであろう。しかし、学術をポケットにした社会が、人間の生活にとってより豊かな社会であることは、たしかである。そうした社会の実現のために、文庫の世界に新しいジャンルを加えることができれば幸いである。

一九七六年六月

野間省一

西洋の古典

2465

七十人訳ギリシア語聖書　モーセ五書

秦　剛平訳

前三世紀頃、七十二人のユダヤ人長老がヘブライ語聖書をギリシア語に訳しはじめた。この通称「七十人訳」こそ、現存する最古の体系的聖書でありイエスの時代の聖書である。西洋文明の基礎文献、待望の文庫化！

電P

2479

ホモ・ルーデンス　文化のもつ遊びの要素についてのある定義づけの試み

ヨハン・ホイジンガ著／里見元一郎訳

「人間の文化は遊びにおいて、遊びとして、成立し、発展した」——。遊びをめぐる人間活動の本質を探究、「遊びの相の下に」人類の歴史を再構築した人類学の不朽の大古典！　オランダ語版全集からの完訳。

電P

2495

エスの本　ある女友達への精神分析の手紙

ゲオルク・グロデック著／岸田　秀・山下公子訳

「人間は、自分の知らないものに動かされている」。フロイト理論に多大な影響を与えた医師グロデックが、心身両域にわたって人間を決定する「エス」について明快に語る。「病」の概念をも変える心身治療論。

電P

2496

ヨハネの黙示録

小河　陽訳（図版構成・石原綱成）

正体不明の預言者ヨハネが見た、神の審判による世界の終わりの幻。最後の裁きは究極の破滅か、永遠の救いか——？　新約聖書の中で異彩を放つ謎多き正典のすべてを、現代語訳と八十点余の図像で解き明かす。

電P

2500

仕事としての学問　仕事としての政治

マックス・ウェーバー著／野口雅弘訳

マックス・ウェーバーが晩年に行った、二つの講演の画期的新訳。『職業としての学問』と『職業としての政治』の邦題をあえて変更し、生計を立てるだけの「職業」ではない学問と政治の大切さを伝える。

電P

2501

社会学的方法の規準

エミール・デュルケーム著／菊谷和宏訳

ウェーバーと並び称される社会学の祖デュルケームは、一八九五年、新しい学問を確立するべく、記念碑的なマニフェストとなった本書を発表する。社会学とは何を扱う学問なのか？——決定版新訳が誕生。

電P

西洋の古典

2502・2503
世界史の哲学講義
ベルリン 1822／23年(上)(下)
G・W・F・ヘーゲル著／伊坂青司訳

一八二二年から没年（一八三一年）まで行われた講義のうち初年度を再現。上巻は序論「世界史の概念」から本論第一部「東洋世界」を、下巻は第二部「ギリシア世界」から第四部「ゲルマン世界」をそれぞれ収録。

2504
小学生のための正書法辞典
ルートヴィヒ・ヴィトゲンシュタイン著／丘沢静也・荻原耕平訳

ヴィトゲンシュタインが生前に刊行した著書は、たったの二冊。一冊は『論理哲学論考』、そして教員生活を送っていた一九二六年に書かれた本書である。長らく未訳のままだった幻の書、ついに全訳が完成。 電P

2505
言語と行為 いかにして言葉でものごとを行うか
J・L・オースティン著／飯野勝己訳

言葉は事実を記述するだけではない。言葉を語ることがそのまま行為をすることになる場合がある――「確認的」と「遂行的」の区別を提示し、「言語行為論」の誕生を告げる記念碑的著作、初の文庫版での新訳。 電P

2506
老年について　友情について
キケロー著／大西英文訳

偉大な思想家にして弁論家、そして政治家でもあった古代ローマの巨人キケロー。その最晩年に遺された著作のうち、もっとも人気のある二つの対話篇。生きる知恵を今に伝える珠玉の古典を一冊で読める新訳。 電P

2507
技術とは何だろうか 三つの講演
マルティン・ハイデガー著／森　一郎編訳

第二次大戦後、一九五〇年代に行われたテクノロジーをめぐる講演のうち代表的な三篇「物」、「建てること、住むこと、考えること」、「技術とは何だろうか」を新訳で収録する。技術に翻弄される現代に必須の一冊。 電P

2508
閨房の哲学
マルキ・ド・サド著／秋吉良人訳

数々のスキャンダルによって入獄と脱獄を繰り返し、人生の三分の一以上を監獄で過ごしたサドのエッセンスが本書には盛り込まれている。第一級の研究者がついに手がけた「最初の一冊」に最適の決定版新訳。 電P

《講談社学術文庫　既刊より》

西洋の古典

2509
物質と記憶
アンリ・ベルクソン著／杉山直樹訳

フランスを代表する哲学者の主著――その新訳を第一級の研究者が満を持して送り出す。簡にして要を得た訳者解説を収録した文字どおりの「決定版」である本書は、ベルクソンを読む人の新たな出発点となる。

2519
科学者と世界平和
アルバート・アインシュタイン著／井上　健訳（解説・佐藤優／筒井　泉）

ソビエトの科学者との戦争と平和をめぐる対話「科学者と世界平和」。時空の基本概念から相対性理論の着想、統一場理論への構想まで記した「物理学と実在」。平和と物理学、それぞれに統一理論はあるのか？

2526
中世都市
社会経済史的試論

アンリ・ピレンヌ著／佐々木克巳訳（解説・大月康弘）

「ヨーロッパの生成」を中心テーマに据え、二十世紀を代表する歴史家となったピレンヌ不朽の名著。地中海を囲む古代ローマ世界はゲルマン侵入とイスラーム勢力によっていかなる変容を遂げたのかを活写する。

2561
箴言集
ラ・ロシュフコー著／武藤剛史訳（解説・鹿島　茂）

十七世紀フランスの激動を生き抜いたモラリストが、人間の本性を見事に言い表した「箴言」の数々。鋭敏な人間洞察と強靱な精神、ユーモアに満ちた短文が、自然に読める新訳で、現代の私たちに突き刺さる！

2562・2563
国富論（上）（下）
アダム・スミス著／高　哲男訳

スミスの最重要著作の新訳。「見えざる手」による自由放任を推奨するだけの本ではない。分業、貨幣、利子、貿易、軍備、インフラ整備、税金、公債など、経済の根本問題を問う近代経済学のバイブルである。

2564
ペルシア人の手紙
シャルル＝ルイ・ド・モンテスキュー著／田口卓臣訳

二人のペルシア貴族がヨーロッパを旅してパリに滞在している間、世界各地の知人たちとやり取りした虚構の書簡集。刊行（一七二一年）直後から大反響を巻き起こした異形の書、気鋭の研究者による画期的新訳。

西洋の古典

2566

全体性と無限

エマニュエル・レヴィナス著／藤岡俊博訳

特異な哲学者の燦然と輝く主著、気鋭の研究者による渾身の新訳。二種を数える既訳を凌駕するべく、原書のあらゆる版を参照し、訳語も再検討しながら臨む。次代に受け継がれるスタンダードがここにある。

電P

2568

イマジネール 想像力の現象学的心理学

ジャン＝ポール・サルトル著／澤田　直・水野浩二訳

「イメージ」と「想像力」をめぐる豊饒なる考察――ブランショ、レヴィナス、ロラン・バルト、ドゥルーズなどの幾多の思想家に刺激を与え続けてきた一九四〇年刊の重要著作を第一級の研究者が渾身の新訳！

電P

2569

ルイ・ボナパルトのブリュメール18日

カール・マルクス著／丘沢静也訳

一八四八年の二月革命から三年後のクーデタまでの展開を報告した名著。ジャーナリストとしてのマルクスの舌鋒鋭くもウィットに富んだ筆致を、実力者が達意の日本語にした、これまでになかった新訳。

電P

2570

レイシズム

R・ベネディクト著／阿部大樹訳

レイシズムは科学を装った迷信である。人種の優劣や純粋な民族など、存在しない――ナチスが台頭しファシズムが世界に吹き荒れた一九四〇年代、『菊と刀』で知られるアメリカの文化人類学者が鳴らした警鐘。

電P

2596

イミタチオ・クリスティ キリストにならいて

トマス・ア・ケンピス著／呉　茂一・永野藤夫訳

十五世紀の修道士が著した本書は、『聖書』についで多くの読者を獲得したと言われる。読み易く的確な論しに満ちた文章が、悩み多き我々に安らぎを与え深い瞑想へと誘う。温かくまた厳しい言葉の数々。

電P

2677

我と汝

マルティン・ブーバー著／野口啓祐訳（解説・佐藤貴史）

経験と利用に覆われた世界の軛から解放されるには、全身全霊をかけて相対する〈なんじ〉と出会わねばならない。その時、わたしは初めて真の〈われ〉となるのだ――。「対話の思想家」が遺した普遍的名著！

電P

《講談社学術文庫　既刊より》

西洋の古典

2700

方法叙説

ルネ・デカルト著／小泉義之訳

われわれは、この新訳を待っていた——デカルトから出発した孤高の研究者が満を持してみずからの原点に再び挑む。『方法序説』という従来の邦題を再検討に付すなど、細部に至るまで行き届いた最良の訳が誕生！

2701

永遠の平和のために

イマヌエル・カント著／丘沢静也訳

哲学者は、現実離れした理想を語るのではなく、目の前の事実から出発していかに「永遠の平和」を実現できるのかを考え、そのための設計図を描いた——従来の邦訳が与えるイメージを一新した問答無用の決定版新訳。

2702

国民とは何か

エルネスト・ルナン著／長谷川一年訳

「国民の存在は日々の人民投票である」という言葉で知られる古典を、初めての文庫版で新訳する。逆説的にもグローバリズムの中で存在感を増している国民国家の本質とは？　世界の行く末を考える上で必携の書！

2703

個性という幻想

ハリー・スタック・サリヴァン著／阿部大樹編訳

対人関係が精神疾患を生み出すメカニズムを解明し、いま注目の精神医学の古典。人種差別、徴兵と戦争、プロパガンダ、国際政治などを論じ、社会科学の中に精神医学を位置づける。本邦初訳の論考を中心に新編集。

2704

人間の条件

ハンナ・アレント著／牧野雅彦訳

「労働」「仕事」「行為」の三分類で知られ、その絡み合いの中で「世界からの疎外」がもたらされるさまを描き出した古典。はてしない科学と技術の進歩の中、人間はいかにして「人間」でありうるのか——待望の新訳！

2749

宗教哲学講義

G・W・F・ヘーゲル著／山﨑　純訳

ドイツ観念論の代表的哲学者ヘーゲル。彼の講義は人気を博し、後世まで語り継がれた。西洋から東洋までの宗教を体系的に講じた一八二七年の講義に、一八三一年の講義の要約を付す。ヘーゲル最晩年の到達点！

《講談社学術文庫　既刊より》

西洋の古典

2750
ゴルギアス
プラトン著／三嶋輝夫訳

練達の訳者が初期対話篇の代表作をついに新訳。代表的なソフィストであるゴルギアスとの弁論術をめぐる対話が展開される中で、「正義」とは何か、「徳」とは何かが問われる。その果てに姿を現す理想の政治家像とは？

電P

2751
ツァラトゥストラはこう言った
フリードリヒ・ニーチェ著／森　一郎訳

ニーチェ畢生の書にして、ドイツ屈指の文学作品である本書は、永遠回帰、力への意志、そして超人思想に至る過程を克明に描き出す唯一無二の物語。「声に出して読める日本語」で第一人者が完成させた渾身の新訳！

電P

2752・2753
変身物語（上）（下）
オウィディウス著／大西英文訳

ウェルギリウス『アエネイス』と並ぶ古代ローマ黄金時代の頂点をなす不滅の金字塔。あらゆる領域で後世に決定的な影響を与え、今も素材として参照され続けている大著、最良の訳者による待望久しい文庫版新訳！

電P

2754
音楽教程
ボエティウス著／伊藤友計訳

音楽はいかに多大な影響を人間に与えるのか。音程と旋律、オクターヴ、協和と不協和など、音を数比の問題として捉えて分析・体系化した西洋音楽の理論的基盤。六世紀ローマで誕生した必須古典、ついに本邦初訳！

電P

2755
知性改善論
バールーフ・デ・スピノザ著／秋保　亘訳

本書をもって、青年は「哲学者」になった。デカルトやベーコンなど先人の思想と格闘し、独自の思想を提示した本書は、主著『エチカ』を予告している。気鋭の研究者が最新の研究成果を盛り込みつつ新訳を完成した。

電P

2777
天球回転論　付レティクス『第一解説』
ニコラウス・コペルニクス著／高橋憲一訳

一四〇〇年続いた知を覆した地動説。ガリレオ、ニュートンに至る科学革命はここに始まる――。地動説を初めて世に知らしめた弟子レティクスの『第一解説』の本邦初訳を収録。文字通り世界を動かした書物の核心。

電P

《講談社学術文庫　既刊より》